메타버스 3.0

단번에 이해하는

메타버스 3.0

META VERSE 3.0

홍성용 지음

매일경제신문사

머리말

하루가 멀다 하고 메타버스Metaverse라는 단어가 쏟아진다. 메타버스 플랫폼, 메타버스 콘텐츠, 메타버스 디바이스 등 손에 잡히지 않는 모호한 단어가 내 삶을 갉아먹는 듯한 느낌이 든다. 증강현실AR, 가상현실VR, 혼합현실MR 등 아직 무르익지도 않은 갖가지 단어가 눈앞을 가린다. 내 삶과는 단 1g도 관련 없는 허공에 붕 뜬 이야기에 내가 왜 관심을 가져야 하느냐고 항변할지도 모르겠다. 세상 사람들이 다 불나방처럼 달려들고 있다고 생각할 수도 있다. 조선 후기에 대동강 물을 팔아먹었다던 봉이 김선달처럼, 당연한 얘기를 당연하지 않은 것처럼 얘기하며 헛바람만 넣고 있다고 치부할 수도 있다.

하지만 당신은 틀렸다. 2020년에 회자된 메타버스라는 단어는 갑자기 튀어나온 게 아니다. 1992년에 SF 소설로 대중에게 처음 알려진 뒤로 무려 30여 년이 흘렀다. 그동안 수많은 자본과 인력과 에너지가 응축돼왔다. 이 응축된 결과물이 바로 메타버스다. 메타버스라는 단어는 인류가 만들어온 모든 기술적인 성취의 총합을 의미하는 것이다. 새로운 개념이 아니다. 특정한 현상을 설명하고 부르기 위해 다시 소환한 단어일 뿐이지, 이 세계에 존재하지 않은 허상을 가져다 마치 신개념인 양 소개하는 게 아니다.

메타버스 1.0과 2.0의 시대를 지나 비로소 3.0의 시대가 도래했다. 수많은 플랫폼이 신규 서비스라는 이름으로 출현했고, 각종 기기가 떠올랐다가 사라졌다. 그리고 지금 다시 메타버스 3.0이라는 이름으로 태동하는 중이다. 코로나19 시대라는 우리 모두가 원치 않았던 비대면의 세계는 마치 예정된 것인 양 갑작스레 나타났고, 우리에게 이 시대를 받아들이길 강제했다. 그 와중에 메타버스 시대는 거스를 수 없는 시대적 조류가 됐다.

메타버스 시대에 올라타야 한다. 올라타서 돈을 벌어야 한다. 실제 매출을 내고, 이익을 창출해야 한다는 것이다. 기회를 잡으라는 얘기다. 지금 이 시간에도 기술의 시계는 뚜벅뚜벅 앞으로 나아가고 있다. 미국의 3대 대통령 에이브러햄 링컨Abraham Lincoln은 "나는 천천히 가는 사람입니다. 그러나 뒤로는 가지 않습니다"라고 말한 적이 있다. 기술의 진보는 서서히, 한편으로는 빠르게 이뤄진다. 후퇴하지 않는다.

메타버스의 시대를 외면한다고 해서 우리의 삶이 과거로 돌아가지는 않는다. 스마트폰을 외면한다고 해서 피처폰의 시대로 복귀할 수는 없다. 애플과 구글, 페이스북, 마이크로소프트 등 빅테크 기업이 싫다고 해서 우리가 그들의 플랫폼을 이용하지 않고 살아갈 수는 없다. 이미 새로운 시대가 왔고, 기술 진보의 물결대로 삶은 흘러간다. 메타버스라는 단어가 가지고 있는 의미가 너무나도 깊다. 그리고 넓다. 우리는 메타버스의 시대를 분간해낼 눈을 가져야 한다. 그런 눈이 없다면 꾸역꾸역 만들어야 한다. 그래야 사기당하지 않는다. 팍팍한 세상살이에 정신없는 와중에도 세상이 변해가는 큰 그림을 눈 크게 뜨고 목도해야 한다.

메타버스 3.0의 시대를 열어젖히는 초입에 와 있다. 이 책이 당신에게 메타버스 시대를 분별해낼 눈을 건넬 것으로 확신한다.

CONTENTS

정부와 민간이 바뀐다

메타버스와 NFT

메타버스로 돈 벌기

메타버스를 향한 비판

놓치면 큰일 나는
메타버스

현실을 초월한 가상 세계, 메타버스

"우리가 살고 있는 사회가 실제 현실일 가능성은 거의 없다."

누군가가 갑자기 이런 이야기를 꺼내며 말을 걸어온다면 당신은 아마도 "지금 나를 놀리나" 하고 반문할 것이다. 그런데 일반인이 아닌 어느 유명인이 그런 말을 했다면 어떨까?

> **"우리가 살고 있는 사회가 실제 현실일 가능성은 거의 없다."**
> _일론 머스크Elon Musk

미국의 전기차 업체 테슬라Tesla와 민간 우주 개발 기업 스페이스XSpaceX의 최고경영자인 일론 머스크가 이 얘기를 했다니 달리 보이는가? 머스크는 전 세계에서 가장 유명한 디지털 콘퍼런스 중 하나인 코드 콘퍼런스Code Conference에서 2016년에 다소 도발적인 얘기를 꺼냈다. "미래 인류가 가상 세계가 아닌 진짜 현실에서 살 확률은 10억분의 1에 불과합니다." 머스크가 확신에 차서 한 이 말은 스웨덴의 철학자 닉 보스트롬Niklas Boström 교수의 시뮬레이션 가설을 인용한 것이다.

머스크는 미래 인류가 현실에서 살아가지 않을 이유로 기술의 진보를 꼽았다. 1970년대만 해도 사람들은 화면 안의 막대기를 움직여 공을 주고받는 단순한 컴퓨터게임인 〈퐁PONG〉을 즐겼으나, 40여 년 만에 수백만 명이 3D 시뮬레이션 안에서 동시에 게임을 즐긴다는 것이다. 매해 발전하고 있는 기술이 곧 인류를 가상현실과 증강현실의 세계로 데려다줄 것이라는 예언이다.

지금 우리가 가상의 세계에서 살고 있을지 모른다고 주장한 머스크는 자신의 얘기를 입증하기 위해 뉴럴링크Neuralink 프로젝트를 진행 중이다. 2017년에 1억 달러(약 1,200억 원)를 투자해 설립한 뉴럴링크는 뇌와 컴퓨터를 연결하는 프로젝트다. 이미 원숭이와 쥐의 뇌에 미세한 전자 칩을 이식해 컴퓨터와 연결하는 데 성공했다. 섬뜩하게 느껴지지만 현재 인간을 대상으로 실험이 진행되고 있고, 성공이 임박했다는 평가도 있다.

인간의 뇌와 컴퓨터가 연결된다는 게 어색하게 느껴지는가? 1999년 작 〈매트릭스Matrix〉를 떠올리면 이해할 만하다. 영화 속 주인공인 네오는 자신이 컴퓨터와 연결돼 있다는 생각을 하지 못한 채 가상 세계에서 활동한다. 그러다 갑작스럽게 현실을 깨닫게 된

우리가 살고 있는 세계가 현실이 아닐 수 있다고 주장한 일론 머스크

다. 컴퓨터에 접속해 가상 세계에 들어가면 현실의 나와는 완벽하게 차단되는 새로운 세계가 펼쳐지는 것이다.

메릴린치 보고서 - "우리의 세계는 시뮬레이션일 수 있다"

2016년 일론 머스크의 발언 이후 미국의 투자회사 메릴린치 Merrill Lynch도 놀라운 보고서를 하나 낸다. 메릴린치는 투자자들에게 보낸 보고서에서 "우리가 진짜로 경험하는 세계가 실제로는 우리의 후손인 미래 세대가 만든 시뮬레이션일 수도 있다"고 주장했다. 현실 세계의 돈을 쥐고 투자해서, 투자자들에게 수익을 돌려줘야 하는 회사가 보고서에 직접 써 내려간 이야기라는 게 정말 놀랍다. 매일 쏟아지는 증권사들의 리포트에 위와 같은 내용이 쓰여 있다고 상상해보라.

메릴린치는 일론 머스크가 코드 콘퍼런스에서 했던 발언의 근거가 된 철학자 닉 보스트롬의 2003년 논문을 종합한 뒤 "우리가 매트릭스에서 살고 있을 확률이 20~50%에 이른다"라는 결론을 내렸다. 메릴린치는 "우리는 이미 수백만의 사람이 동시에 참가할 수 있는 사실적인 3차원3D 가상현실에 접근하고 있다. 인공지능, 가상현실, 컴퓨터의 발전으로 미래 후손이 조상의 가상현실을 실행할 가능성이 충분하다"고 했다. 또 "이러한 가상현실이 실제라고 하더라도 불행히도 연구자들은 그 세계에서 빠져나오는 방법에 대해선 아직 언급하지 않고 있다"고 덧붙였다. 발전된 기술을 가진 후손이 만들어둔 가상의 세계에 우리가 살고 있으며, 우리는 그 기술까지 점차 다가가고 있다는 설명이다. 후손의 기술과 같은 완성된 기술에 도달하기 위해 노력하고 있다는 얘기다.

이 같은 발언이 줄을 잇던 2016년, 한국에서는 구글의 알파고AlphaGo와 바둑 기사 이세돌 간의 대국이 있었다. 한동안 시끌벅적했다. 당시 바둑 분야에서 전무후무한 인간을 뛰어넘은 인공지능AI의 활약에 전 세계가 고무됐다. AI의 고도화가 다른 나라에 비해 턱없이 뒤처졌고, 정부와 민간이 모두 노력해야만 이를 따라잡을 수 있다는 분위기로 나라가 떠들썩했다.

그로부터 딱 5년이 지난 2021년에 메타버스가 키워드로 급부상했다. 2016년 이후 지난 5년간 미국의 빅테크 기업들은 현실을 넘어선 가상 세계를 이룩하기 위해 치열하게 노력해왔다. **1990년대 인터넷 혁명과 2010년대 모바일 혁명 이후를 책임질 새로운 사회 혁명으로 메타버스가 자리매김하는 전 지구적 분위기가 조성된 것이다.** 일론 머스크가 2016년에 말했던 가상 세계의 대체어가 바로 메타버스다. 수십 년간 발전해온 디지털 기술로 우리가 사는 현실이 달라졌다. 그동안 발전해온 디지털 기술의 총합을 의미하는 것이 곧 메타버스다.

메타(초월) + 버스(현실) = 가상 세계

메타버스는 가상 세계라는 뜻이다. 메타meta는 무엇인가를 초월했다는 의미다. 버스verse는 우주와 세계를 뜻하는 유니버스universe에서 따온 말이다. 즉, '유니버스를 초월했다 → 현실을 초월했다 → 현실을 초월한 것은 가상 세계'라는 순으로 뜻이 확장된다.

그럼 무엇을 보고 메타버스로 지칭할 것이냐의 문제가 남는다. 동영상 플랫폼 유튜브에서 화제가 되는 가상현실 영상을 한 번쯤 본 적이 있을 것이다. 빌딩 숲 사이 허공 위에 놓인 다리를 건너는 미션을 수행하며 소리를 지르는 사람들 영상이다. 사람들은 VR 기기를 쓰고 다리를 건넌다. 다리 위를 아슬아슬하게 건너는데 한 친구가 확 민다. "으악!" 소리를 내며 땅바닥에 넘어지는 모습이 나온다. VR 기기를 착용한 사람은 실제로 떨어지는 느낌을 맛보았을 것이다. 페이스북의 오큘러스 퀘스트Oculus Quest2 같은 VR 기기를 쓰면 가능한 일이다. 눈앞의 진짜 현실은 사라지고, 빌딩 사이 허공 위에 놓인 사다리를 걷는 나만 남는다. **VR 기기를 쓰고 즐기는 게임, 그것 자체로 메타버스다.**

메타버스라는 단어를 쓸 때마다 떠올리는 3차원 그래픽의 세계만이 메타버스인 것은 아니다. 2차원2D 그래픽도 메타버스에 속한다. 부동산 중개 유니콘 기업 직방은 2021년 초 가상회의 시스템인 개더타운Gather town 플랫폼을 이용해 원격 근무를 수행했다. 개더타운은 2021년 한 해 동안 가장 유명했던 비대면 업무 플랫폼이다. 개더타운에서는 나를 대신할 아바타 캐릭터가 2D로 만들어졌다. 2D로 된 나의 캐릭터가 실제 사무실과 유사하게 꾸며진 사무실 자리에 착석하고, 다른 캐릭터에 가까이 가면 실제 현실의 내 얼굴이 카메라로 비치며 대화창이 함께 열리는 식이다.

창의성을 발휘해 만든 아바타 혹은 나를 닮은 아바타로 노는 것도 메타버스다. 미국의 게임 〈로블록스Roblox〉와 네이버의 손자회사인 네이버제트의 〈제페토〉가 대표적이다. 〈로블록스〉는 레고 형태의 아바타를 만들고, 수천만 개에 달하는 게임 방 안에서 논다. 네이버제

페이스북(메타)의 오큘러스 퀘스트2 기기를 착용한 이용자

트 〈제페토〉에서는 직접 셀카를 찍거나 자신의 사진을 활용해 나를 똑 닮은 아바타를 만들 수 있다. 나를 닮은 아바타로 친구들과 만나서 대화를 하고, 내가 좋아하는 가수의 팬 사인회에서 사인을 받기도 한다.

코로나19가 앞당긴 메타버스 - 화상회의에서 메타버스로

메타버스의 시대가 성큼 다가오고, 메타버스라는 용어가 다시 화두에 오르기 시작한 것은 모두 코로나19 바이러스 때문이다. 코로나19로 세계는 갑작스럽게 비대면의 시대로 접속했다. 원격 근무와 사회적 거리 두기, 봉쇄 조치는 장기화됐다. 대면의 시대가 갑작스럽게 차단됐지만, 사람들은 여전히 연결에 대한 욕구가 컸다. 따라서 소셜 네트워크 서비스SNS 사용이 급증했고, SNS로 해결하지 못한 만남에 대한 갈증은 영상통화 등이 가능한 화상 앱으로 대체됐다.

경제활동을 하며 생활을 꾸려야 했기 때문에 얼굴을 보고 이야기를 나눌 수 있도록 하는 화상회의 앱의 사용량이 폭발적으로 늘었다. 초·중·고등학교, 대학교 등 모든 교육기관이 화상회의 앱으로 수업을 대체했다. 이때 화상회의 서비스인 줌Zoom, 구글의 행아웃·미트Hang out·Meet, MS 팀즈Microsoft Teams, 시스코 웹엑스Cisco Webex, 라인웍스Linewalks, 알서포트RSUPPORT까지 고루 입에 오르내렸다. 하지만 이때까지도 메타버스라는 단어는 나오지 않았다. 2020년 5월에 필자가 썼던 기사인 〈사용량 폭증한 화상회의 툴, 줌 보안 문제로 주춤한 사이 MS·구글 반사이익〉에 이와 같은 분위기를 담은 사례 두 개가 쓰여 있다.

#사례1 올해 첫 개강으로 문을 연 서울대 데이터사이언스 대학원은 코로나19로 지난 3월 16일 온라인 개학을 했다. 이곳은 개강 첫해부터 코로나19라는 특수한 상황을 맞아 화상회의 솔루션 줌을 활용해 본격 수업을 진행하고 있다.

데이터사이언스 대학원생인 A 씨는 "처음에는 화상회의가 낯설어 학생도 교수도 모두 버벅거렸던 게 사실이다. 하지만 지금은 내 공간에서 쉽게 강의에 접속하고, 집중도가 높아진다는 점에서 좋다"며 "강의 영상이 녹화되어 업로드되는 것도 큰 장점"이라고 밝혔다.

#사례2 스타트업에 재직 중인 김지훈 씨(35세)는 코로나19 상황이 장기화되면서 6주째 재택근무를 하고 있다. 매일 아침 김 씨의 팀원 5명은 각자의 집에서 구글 행아웃에 접속해 화상회의를 진행한다. 회의가 끝나면 다음 회의 날짜와 시간을 정해 구글 캘린더에 등록해두기만 하면 자동으로 알림이 뜬다. 김 씨는 "구글 캘린더에서 화상회의를 설정하면, 알아서 알림을 제공하니까 일정 체크하기 편리하다"면서 "별도의 프로그램 설치 없이도 링크만 클릭하면 화상회의에 참여하거나 종료할 수 있어서 팀 차원에서 구글 행아웃을 애용 중"이라고 밝혔다.

2020년 6월에도 여전히 메타버스라는 용어는 쓰이지 않았다. 2020년 6월에 필자가 썼던 〈난 서울, 상대는 뉴욕… 3D 가상회의실에서 진짜처럼 콘택트)라는 기사는 지금 보면 가상현실에 기반한 메타버스 업무 플랫폼으로 이름 붙여 다룰만한 얘기다.

이때 인터뷰했던 이진하 스페이셜 공동 창업자는 화상회의의 본질적인 문제점을 짚어내며, 가상 세계 플랫폼의 필요성을 역설했다. 포스트 코로나 시대 근무 형태의 뉴노멀은 가상현실과 증강현실이 될 것이라고 예견했다. 이진하 창업자는 "사무실로 직접 출근하는 시대는 끝났다. 나와 똑같이 생긴 아바타로 가상현실 속 회의실에 입장만 하면 된다. 내가 앉아 있는 곳이 어디든 사무실이 되는 원격 근무 시대가 도래했다"고 말했다. 그는 "줌과 같은 화상회의 앱의 활용도가 높아졌지만 제대로 된 소통을 하기에는 한계가 있다. 화상회의를 할 때 참여자가 5~6명만 넘어가도 양방향 소통에 문제가 생긴다. 상대방의 존재를 느끼면서 유대감을 끊임없이 주고받는 게 소통이다. 자신이 어디에 있는지와 상관없이 바로 옆에서 대화하는 것처럼 소통할 수 있어야 한다"고 강조했다.

메타버스 시대를 선언한 엔비디아

화상회의 플랫폼 이야기만 나오던 때 메타버스라는 단어를 끄집어내 2020년대로 가져다 둔 장본인은 다름 아닌 엔비디아NVIDIA 창업자이자 최고경영자인 젠슨 황黃仁勳이었다. 2020년 10월 그는 회사 행사에서 "미래 20년은 공상과학과 다를 게 없다. 인터넷의 뒤를 잇는 가상현실 공간인 메타버스 시대가 오고 있다"고 밝혔다. 메타버스라는 말은 1992년 닐 스티븐슨Neal Stephenson의 SF 소설 《스노 크래시Snow Crash》 이후 수십 년 동안 잠겨 있다가 이날 수면 위로 다시 올라왔다.

젠슨 황은 "미래의 메타버스는 현실과 아주 비슷할 것이고, 《스노 크래시》처럼 인간 아바타와 AI가 그 안에서 함께 지낼 것"이라고 강조했다. 이때 젠슨 황이 메타버스의 시대를 선언한 이유는 엔비디아가 옴니버스Omniverse라는 새로운 협업 플랫폼을 내놓았기 때문이다. 엔비디아의 옴니버스 플랫폼을 이용하면 단 하나의 플랫폼처럼 각각 흩어져 있는 메타버스 플랫폼들을 연결할 수 있다고 설명했다. 옴니버스는 플랫폼들의 플랫폼 역할을 한다는 설명이다. 언리얼 엔진, 마야 등 서로 다른 3D 구현 솔루션끼리도 옴니버스 위에서는 서로 작업 내용을 공유할 수 있다는 것이다.

즉, 엔비디아의 범용 플랫폼 애기는 다중우주론인 멀티버스와 연결 지을 수 있어 보인다. 멀티버스는 우리가 모르는 또다른 세상에, 우리가 살고 있는 우주와 똑 닮은 우주가 존재한다는 이론이다. 각각의 메타버스 플랫폼은 서로 떨어져 있는 저마다의 멀티버스 세계이고, 그 세계를 모두 통합하면 메타버스라는 새로운 통합된 세상이 열린다는 것이다.

2021년 10월에 열린 메타콘Metacon 2021 행사에서 엔비디아 부사장인 리처드 케리스Richard Kerris도 비슷한 애기를 했다. "메타버스는 가상 세계의 집합체다. 이 가상 세계가 여러 분야에서 구현되고, 이를 연결하는 것이 옴니버스의 핵심이다. 메타버스는 인터넷보다 높은 몰입감과 연결성을 기반으로 현실 세계를 보다 넓은 정보화 가상 세계로 이끌어준다"고 밝혔다. 이용자가 각각 다른 툴을 사용해도 옴니버스라는 커넥터를 활용해 언제 어디서든 간단하게 협업을 가능하게 하는 것이다. 어떤 느낌이 드나? 진정한 메타버스 세계가 오기 위해서는 저마다의 세상을 연결하는 통합된 형태의 플랫폼이 필요하다는 생각이 들지 않나.

메타버스 시대의 첨병 〈로블록스〉

코로나19 시대가 장기화되면서 사람들은 본능적으로 집 안에서도 놀 거리를 찾아 헤맸다. 집에서 쉽게 즐길 수 있는 게임으로 바깥 활동을 대체하는 사람들이 폭증했다. 학교에 가지 못하는 10대들은 자신의 아바타를 이용해 가상 세계에서 친구들을 만났다. 화상회의의 시대에 접어든 지 얼마 안 되었지만, 사람들이 순식간에 메타버스 시대로 넘어갈 수밖에 없는 환경이 꾸려졌던 것이다.

2021년 3월 미국 나스닥에 상장한 〈로블록스〉는 상장과 동시에 54% 이상 폭등하며 단번에 42조 원 가치의 기업이 됐다. 〈로블록스〉는 상장을 위한 증권 신고서에 메타버스라는 단어를 직접 썼다. 〈로블록스〉까지 메타버스를 운운하자, 그동안 XR(실감) 기술 정도로 통칭되던 사회적 현상은 본격적으로 메타버스라는 단어 하나로 헤쳐 모였다. 엔비디아가 메타버스를 소환했을 때처럼 단지 수면 위로 떠오른 정도가 아니라, 이제는 반드시 이해하고 올라타야만 하는 단어가 된 것이다. 선점하지 못하면 빼앗기는 단어로 자리매김한 그 중심에 〈로블록스〉의 상장이 있다.

정리해보자. 코로나19가 촉발한 비대면의 시대 출현 이후, 비대면의 시대가 2년 가까이 장기화됐다. 이 시기에 화상회의로 업무가 진행되면서 줌을 중심으로 한 각종 화상회의 플랫폼이 대세로 떠오르기 시작했다. 2020년 말에 엔비디아가 메타버스 시대를 선언했다. 이후 2021년에 〈로블록스〉가 상장하면서 메타버스 기업임을 천명했다. 이제 메타버스라는 단어는 전 세계서 가장 많이 검색되는 단어가 됐다.

메타버스의 유형과 대중문화

메타버스를 좀 더 명확히 정의해보자. 미국 미래가속화연구재단Acceleration Studies Foundation은 메타버스에 대해 "가상적으로 향상된 물리적 현실과 물리적으로 영구적인 가상공간의 융합"으로 정의했다. 이 정의는 세 가지 정도의 해석을 포함한다. 첫째, 우리가 살아가는 현실은 가상 세계를 구현할 수 있을 정도로 기술적인 진보가 이뤄져 있다. 둘째, 현실인지 가상인지 구분이 어려울 정도의 현실과 유사한 가상 세계가 존재한다. 셋째, 이 두 세계는 서로 편하게 오갈 수 있다.

무슨 말인지 이해하기 사실 어렵다. 대신에 미래가속화연구재단ASF은 메타버스 로드맵을 발표하면서 크게 네 가지 유형으로 구분했다.

1) 거울 세계

2) 라이프로깅

3) 증강현실

4) 가상 세계

    재단은 이렇게 네 가지 유형으로 메타버스를 정의했다. 각각 유형이 다르다. 하지만 필자는 '거울 세계 → 라이프로깅 → 증강 현실 → 가상 세계' 단계 순으로 각각의 유형이 서로 융합하고 분리되면서 발전해왔다고 결론 내린다.

    먼저 거울 세계를 보자. **거울 세계는 실제 세계의 정보와 구조 등을 가져와서 복사하듯이 만들어낸 모습을 말한다.** 가상의 지도, 건물과 같은 물체의 모델링, GPS(위성항법시스템) 등 다양한 기술을 활용해 실제 세계의 정보를 디지털 환경에 접목하는 것이다. 대표적인 지도 서비스인 구글 어스Google Earth나 네이버 지도, 카카오맵 등이 모두 거울 세계에 속하는 예시다.

    미래가속화재단은 구글 어스의 사례를 주로 든다. 구글이 2005년 6월부터 서비스하기 시작한 구글 어스는 전 세계 여러 지역을 볼 수 있는 위성 영상 지도 서비스다. 위성 이미지, 지도, 지형, 3D 건물 정보 등 전 세계 지역의 정보를 제공한다. 구글 스트리트 뷰와도 연결돼 구글 어스만으로 전 세계 도로 풍경을 모두 들여다볼 수 있다. 한국에서는 네이버 지도의 거리뷰나 카카오맵의 로드뷰를 떠올리면 된다. 거리뷰나 로드뷰는 실제 동네 거리의 풍경을

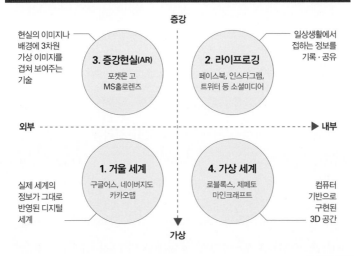

메타버스의 분류

증강

현실의 이미지나
배경에 3차원
가상 이미지를
겹쳐 보여주는
기술

3. 증강현실(AR)
포켓몬 고
MS홀로렌즈

2. 라이프로깅
페이스북, 인스타그램,
트위터 등 소셜미디어

일상생활에서
접하는 정보를
기록·공유

외부

내부

실제 세계의
정보가 그대로
반영된 디지털
세계

1. 거울 세계
구글어스, 네이버지도
카카오맵

4. 가상 세계
로블록스, 제페토
마인크래프트

컴퓨터
기반으로
구현된
3D 공간

가상

미래가속화재단의 자료를 활용한 메타버스의 분류

© 미래가속화재단

모두 사진으로 볼 수 있게 찍어놨다. 내가 찾아가려는 지역의 위치가 익숙하지 않아도 거리뷰를 확인하면 편리하게 실제 세계의 정보를 확인할 수 있다. 배달의민족이나 요기요와 같은 각종 배달 앱도 마찬가지다. 배달의민족 앱에서는 배달이 가능한 음식점과 관련한 세부적인 정보가 지도 위로 펼쳐져 있다.

다음으로 라이프로깅이다. **라이프로깅은 자신의 삶에 관한 경험과 정보를 기록하고 저장한 뒤 공유하는 것이다.** 우리의 신체, 감정, 경험, 움직임과 같은 정보를 직간접적으로 기기에 기록하고 가상의 공간에 그대로 재현하는 것이다. SNS가 대표적이다. 우리가 지금도 매일같이 쓰는 페이스북이나 인스타그램, 트위터는 모두 라이프로깅에 해당한다. 2004년에 등장한 페이스북, 2006년에 출시된 트위터 등 SNS는 아이폰(2007년 출시)과 갤럭시(2010년 출시) 같은 도구를 만나 급격하게 발전을 이뤘다. 삼성전자나 애플의 스마트워치를 착용하면 자신의 걸음 수, 심장박동 수, 맥박 등 개인의 건강과 관련한 정보가 기록되는 것도 라이프로깅의 예다. 삼성 헬스나 애플의 건강 앱 등 가상의 공간 위로 본인의 운동 데이터가 기록되는 식이다.

세 번째로 증강현실은 2015년에 개봉한 영화 〈킹스맨Kingsman〉에서 볼 수 있는 회의 장면을 떠올리면 된다. 아무도 앉아 있지 않은 텅 빈 회의실에서 특별한 기능이 포함된 안경을 썼더니, 전 세계에 흩어져 있던 요원들의 모습이 나타난다. 요원들은 눈앞의 텅 빈 공간에 놓인 책상 앞 의자에 모두 앉아 있다. **이처럼 현실 세계의 모습 위로 가상의 물체를 덧씌워서 보여주는 기술이 곧 증강현실이다.**

가상의 물체를 덧입히기 위해서는 스마트폰이나 컴퓨터, 스마트 글라스 등 장비가 필요하다. 마블의 영화 〈아이언맨Iron Man〉에서 주인공 토니 스타크는 아이언맨 슈트를 입고, 공격해야 할 적이나 물체에 접근한다. 물체를 표적으로 설정하면 그 위로 갖가지 정보가 덧입혀진다. 이게 바로 AR이다. 2017년 한국에서 선풍적인 인기를 끌었던 게임 〈포켓몬 고Pokémon GO〉도 있다. 〈포켓몬 고〉 앱을 켜고 스마트폰 카메라 렌즈로 공원과 같은 일상의 장소를 비추면 발견된 포켓몬이 화면에 나타난다. 이때 스마트폰 화면을 손으로 밀어 포켓볼을 던지면, 공원에 나타난 포켓몬을 잡을 수 있다.

가상으로 다양한 제품을 몸에 적용해볼 수 있도록 하는 가상 피팅 서비스 기술도 증강현실에 속한다. 예를 들어 가상 피팅 기능을 제공하는 앱을 이용하면 자신이 선택한 선글라스를 직접 써 보지 않더라도 해당 선글라스를 얼굴에 착용한 모습이 화면에 나타난다. 수백 개의 선글라스를 직접 썼다 벗었다 하지 않더라도 자신과 어울리는 선글라스를 클릭 몇 번으로 찾을 수 있다.

마지막으로 가상 세계인 일명 버추얼 월드 Virtual World**는 디지털 데이터로 구축한 세계다.** 현실의 나를 대리하는 아바타가 있고, 이 아바타들은 가상 세계에서 상호작용한다. 가상이지만 현실과 완벽하게 유사한 공간을 만들 수 있다. 하지만 시대와 문화적 배경, 인물, 제도를 별도로 디자인할 수도 있다. 현실과 완벽하게 다른 공간인 또 다른 커뮤니티를 만들 수 있는 것이다.

이때 〈로블록스〉, 〈제페토〉, 〈마인크래프트Minecraft〉 등 이름이 알려진 각각의 가상 세계 플랫폼은 세 가지 속성을 띤다. 게임형, 소셜형, 생활 산업형이 그것이다.

게임형은 모바일과 PC를 기반으로 하는 게임 기반 플랫폼이다. 게임을 수행하는 것뿐 아니라 게임을 제작하고 게임 아이템을 판매한다. 〈로블록스〉나 〈포트나이트Fortnite〉, 〈마인크래프트〉는 대표적인 '게임형 플랫폼'이다. 게임형은 시간이 지나면서 소통 공간을 만들며 소셜형으로 확장된다. 〈포트나이트〉는 슈팅 게임으로 시작했는데, 파티로얄Party Royale이라는 소셜형 공간을 게임 안에 만든 뒤에는 소셜형 기능도 띠고 있다. 파티로얄 공간에서는 다른 이용자를 만나거나 가수의 공연을 즐길 수 있다.

반면 소통이나 모임을 기반으로 하는 '소셜형 플랫폼'도 있다. 소셜 미디어 성격을 띠는데 소통이나 모임, 쇼핑 등이 주요 테마다. 이후 확장성을 고민하는 소셜형 플랫폼들은 게임 기능을 넣거나 게임 제작을 가능하게 만들면서 게임형의 요소를 넣는다. 〈제페토〉와 〈호라이즌Horizon〉, 〈위버스Weverse〉, 〈이프랜드Ifland〉 등이 소셜형으로 시작해 게임형으로의 변모를 노리는 플랫폼이다. 메타버스는 본질적으로 즐길 거리가 있어야 한다. 소통이나 모임 등의 목적이 아니더라도, 마음껏 뛰어놀 수 있는 마당을 제공해야 사람들은 특별한 이유 없이도 단순히 놀기 위해 플랫폼에 접속한다.

마지막으로 생활 산업을 기반으로 하는 '생활 산업형 플랫폼'이다. 생활 산업형은 AR·VR 디바이스를 활용한다. 운동이나 교육, 시뮬레이션 등을 목적으로 한다. 레벨 경쟁이나 보상 등 게임 요소를 도입해 활동에 동기를 부여한다. 닌텐도의 링피트 홈트레이닝 시스템이나, 산업용 도구로서의 마이크로소프트의 AR 글라스인 홀로렌즈HoloLense, 길베인 그룹Gilbane Group의 디지털 트윈 기반 건축 과정 시뮬레이션 등이 모두 여기에 속한다. 일상생활과 산업에서 AR·VR 디바이스를 활용해 펼치는 활동이다.

영화로 이해하는 메타버스

2017년에 나온 뤽 베송Luc Besson 감독의 영화 〈발레리안: 천 개 행성의 도시Valerian: The City of A Thousand Planets〉는 미래의 메타버스 시대를 완벽히 재현해냈다. 영화 속 주인공은 컨버터라는 물건이 밀거래되고 있다는 정보를 입수하고 키리안 행성의 빅마켓으로 출동한다. 도착한 행성은 그야말로 광활한 사막뿐이다. 사람이 한 명도 없는 이 죽어버린 행성에는 밀거래되는 물건과 시장 따위는 전혀 보이지 않는다. 잘못 왔다는 생각이 드는 찰나에 AR 헤드셋을 썼더니 모든 게 변한다. 헤드셋을 쓰자마자 텅 빈 사막 위로 수많은 생명체가 우글거리고, 온갖 물건이 거래되는 복잡한 시장이 펼쳐진다. AR 글라스를 가장 정확하게 묘사한 이 영화는 현실과 가상이 전혀 구분되지 않을 정도로 생생한 모습을 보여준다.

1999년에 나온 영화 〈매트릭스〉는 현실과 가상이 서로 뒤집힌 메타버스 세계를 보여주는 수작으로 여전히 꼽힌다. 매트릭스와 메타버스라는 단어가 당시에는 직접 연결되지 않았다. 하지만 메타버스가 언급되는 시대에서 바라보면 매트릭스야말로 메타버스를 의미하는 영화다. 주인공 네오가 살고 있는 매트릭스는 현실

뤽 베송 감독의 영화 〈발레리안: 천 개 행성의 도시〉

세계가 아닌 가상 세계다. 네오가 빨간약을 먹고 가상 세계를 빠져나오자 지금껏 단 한 번도 인식하지 못했던 현실 세계가 펼쳐진다. 네오는 가상 세계를 유지시키는 매트릭스 기계에 종속되지 않으려고 하고, 매트릭스 시스템을 사수하려는 이들과 치열하게 싸운다.

영화 속에서 네오가 매트릭스 속으로 들어가는 방법은 일론 머스크 테슬라 CEO가 추진 중인 프로젝트를 떠오르게 한다. 인간의 뇌와 컴퓨터를 연결시키는 뉴럴링크 프로젝트다. 뉴럴링크 칩에는 지름 23mm, 두께 8mm의 뇌파 신호를 수집하는 동전 모양 전극이 있다. 이 칩을 인간의 뇌와 연결하면 컴퓨터에 직접 접속된다. 일론 머스크가 2016년에 주장했던 "우리가 사는 삶이 가상일 수 있다"는 발언과 영화 〈매트릭스〉가 연결되는 지점은 오싹한 느낌마저 든다.

마지막으로 2045년 미국을 배경으로 메타버스를 그린 스티븐 스필버그Steven Spielberg의 영화 〈레디 플레이어 원Ready Player One〉도 있다. 영화에서는 가상현실 오아시스가 등장한다. 주인공 와츠가 입은 VR 슈트와 장갑으로 오아시스 세계에서 전해진 촉감이 그대로 전해진다. 촉각 기술의 발달로 가상 세계의 촉감을 현실 세계의 내가 그대로 느끼는 것이다. 와츠는 컨테이너촌에서 이모에게 얹혀산다. 팍팍한 현실의 도피처로 매일 오아시스를 찾는다. VR 헤드셋만 쓰면 된다. 오아시스 속에 접속하면 현실과는 달리 잘생기고 능력 있는 캐릭터 파시발이 된다. 사막 한복판에서 목이 말라 죽기 일보 직전인 행랑객을 위해 물을 건네주는 곳이 오아시스인데, 현실에서 살아갈 힘을 얻기 위해 접속하는 가상 세계 이름을 오아시스로 한 것은 감독의 의도적인 배치로 보인다. 제일 인상 깊은 지점은 오아시스의 개발자가 자신이 열었던 게임에서 우승한 와츠에게 던진 마지막 멘트다. "현실은 무섭고 고통스러운 곳인 동시에 따뜻한 밥을 먹을 수 있는 유일한 곳이야. 왜냐면 현실은 진짜니까." 현실과 가상의 경계가 모호한 상황에서도 결국 현실이 진짜라는 메시지가 아닐까.

메타버스
3.0 시대의 도래

SF 소설 《스노 크래시》로 시작한 메타버스

메타버스라는 용어는 1992년 닐 스티븐슨의 SF 소설 《스노 크래시》에서 **처음 나왔다.** 절판됐던 이 책은 최근 메타버스에 대한 관심과 함께 다시 출간됐다. 이 책에서는 우리가 흔하게 쓰는 표현들이 줄줄이 나온다. 메타버스, 아바타, 가상 세계 등과 같은 용어가 처음으로 등장한다. 소설의 주인공인 히로 프로타고니스트는 현실 세계에서는 피자를 배달하는 배달부다. 그러나 가상 세계를 지칭하는 메타버스 안에서는 뛰어난 해커로 인정받는다. 메타버스 안에서 사람들은 모두 아바타로 활동하기 때문에 현실 세계의 신분을 완벽히 숨길 수 있다. 히로는 메타버스에서 퍼지고 있는 신종 마약인 스노 크래시의 비밀을 파헤치며 그 속에 숨겨진 음모를 발견하게 된다.

작가인 닐 스티븐슨은 《스노 크래시》의 집필을 위해 웨슬리언 Wesleyan대학의 스티브 호스트 박사에게 뇌 과학과 컴퓨터에 관한 조언을 받았다고 전해진다. 이 책이 영향력을 갖게 된 이유는 빅테크 기업들의 CEO들에게 모바일 혁명을 뛰어넘는 특별한 영감을 주었기 때문이다. 젠슨 황 엔디비아 CEO는

닐 스티븐슨의 소설 《스노 크래시》

2020년 10월에 "이제 메타버스의 시대가 오고 있다. 미래의 메타버스는 현실과 아주 비슷할 것이고, 《스노 크래시》에서처럼 인간 아바타와 인공지능이 그 안에서 같이 지낼 것"이라고 운을 떼며 메타버스라는 단어를 끄집어냈다. 앞으로 엔비디아의 향후 20년을 내다보며 계획을 발표하는 행사에서 이 소설을 언급한 것이다.

세컨드라이프 서비스를 만든 린든랩Linden Lab이라는 회사의 필립 로즈데일Philip Rosedale CEO도 《스노 크래시》를 언급했다. 린든랩은 페이스북과 트위터 등 소셜 네트워크의 시대가 본격화되기 전에 이미 가상 세계 붐을 일으켰던 회사다. 그는 "소설 《스노 크래시》를 읽고 내가 꿈꾸는 것을 실제로 만들 수 있다"는 영감을 얻었다고 말했다. 구글의 공동 창업자 세르게이 브린Sergey Brin도 세계 최초의 영상 지도 서비스인 구글 어스를 만들 때 《스노 크래시》가

도움을 줬다고 밝힌 바 있다. 현실 세계와 가상 세계라는 개념을 사람들 머릿속에 떠오르게 하고, 두 세계의 연결이라는 큰 그림을 그릴 수 있도록 상상력을 줬던 소설이 바로 《스노 크래시》였다.

특히 이 책에서는 가상현실에서 자신의 역할을 대신하는 캐릭터를 뜻하는 아바타 개념이 구체화됐다. 사실 아바타라는 단어에는 종교적인 뜻이 담겨 있다. 하늘에서 내려온 자라는 뜻으로, 지상에 내려온 신의 분신이 바로 아바타다. 인간들의 세계에 신의 메시지를 전하기 위해 신을 대리하는 존재를 보낸 것이다. 닐 스티븐슨이 가상 세계에서 나를 대리하는 캐릭터라는 의미로 아바타라는 용어를 쓴 것은 실제 어원에 비춰볼 때 딱 들어맞는다.

첫 메타버스 붐을 일으킨 세컨드라이프

전 세계에서 메타버스 붐을 일으킨 최초의 서비스는 2003년에 등장한 세컨드라이프였다. 미국 스타트업 린든랩Linden Lab이 만든 3차원 가상 세계 서비스다. 현실 세계 소통에 방점을 둔 2004년 페이스북과 2006년 트위터가 나오기도 전에 가상 세계를 테마로 한 서비스가 나왔고, 전 세계가 지금처럼 열광한 적이 있었다.

세컨드라이프에서는 아바타로 광활한 공간을 누빌 수 있었다. 경제활동도 가능했다. 가상 세계 속에서 벌어들이는 돈은 곧 현실 세계에서 환전해 쓸 수 있었다. 통상 게임을 즐길 때 게임 속 화폐는 게임 속 캐릭터를 꾸미는 아이템을 구매할 때나 쓰인다. 현실 세계의 나와는 별개다. 현실 세계의 나에게 100원 한 닢 전해주지 않는다. 하지만 세컨드라이프의 가상화폐인 린든 달러Linden Dollars는 실제 세계의 현금인 달러로 환전이 됐다.

현실의 경제활동이 일어나는 가상 세계라는 얘기에 당시 IBM, BMW, 도요타, 로이터 등 글로벌 대기업이 줄줄이 서비스에 들어갔다. 월드와이드웹www으로 대표되는 인터넷의 시대가 펼쳐진 이후 드디어 제2의 웹 세계가 열린다는 기대감이 전 세계를 뒤흔들었다(아직 모바일 혁명이 일어나기 전이었다).

세컨드라이프는 현재의 메타버스 플랫폼의 특징을 그대로 보여주고 있다. 흔히 퀘스트를 완료해가는 여느 게임과 달리 목표가 없고, 자유도가 극도로 높은 오픈월드Open world였다.

오픈월드는 특별한 게 아니다. 수행해야 할 미션 없이도 툭 터신 가상 세계에 캐릭터를 그 자체로 던져두는 것이다. 이용자를 가상 세계 안에 던져놓고 그 안에서의 삶을 알아서 꾸려나가도록 하는 게 세컨드라이프였다. 세컨드라이프에서는 자신을 대리하는 아바타를 통해서 현실과 똑같은 활동을 즐길 수 있었다. 옷이나 가구와 같은 아이템을 만들어 거래하거나, 가상의 기업을 차린 뒤 부동산을 팔기도 했다.

하지만 세컨드라이프는 결국 실패로 끝났다. SNS가 본격화되

2003년에 등장해 메타버스 붐을 일으킨 서비스 세컨드라이프의 홈페이지

지 않았을 때에는 사람들이 이 서비스로 모였으나, 페이스북과 트위터라는 실제 세계의 소통 공간이 인기를 얻으면서 상대적으로 가상 세계에 대한 관심은 순식간에 사그라들었다. **사람들은 현실을 모방한 가상보다는 현실 자체의 관계를 온라인으로 확장하는 데 더 관심을 쏟았다. 아바타가 나를 대리하도록 하는 것보다 내 일상의 모습을 SNS에서 보여주고 소통하는 게 더 중요했다.** 세컨드라이프에 대한 관심이 시들 해지자 메타버스라는 단어는 언제 있던 표현이냐는 듯 순식간에 사라졌다.

세컨드라이프의 몰락을 짚어보는 것은 2021년의 메타버스 3.0

의 시대를 분별해보는 가장 확실한 방법이다. 세컨드라이프의 단점을 극복하면서 지금의 메타버스 붐이 다시 시작됐기 때문이다. 기술적인 요소의 발전과 함께 핵심 이용자 타기팅까지 반면교사로 삼을 지점이 많다.

먼저 세컨드라이프가 몰락한 가장 큰 이유는 바로 생태계에 대한 접근성이 떨어진 것에 있다. PC로만 구동될 수 있다는 최악의 단점이 대중성을 현저하게 떨어뜨렸다. 그래도 400만 명에서 500만 명의 사람들이 몰려들었으니 선풍적인 인기를 끌었던 것은 부정할 수 없다.

세컨드라이프의 주요 타깃이 30대인 것도 문제였다. 건물 짓기는 특정 목표가 없는 오픈월드에서 하는 일 중 하나로, 이를 위해서는 토지를 확보해야 했다. 이때 현실의 돈을 가상화폐로 바꾼 뒤 토지를 구매해야 했다. 게임을 즐길 기반 자금이 있어야 게임을 더 즐길 수 있었다는 얘기다.

2000년 초반에는 기술적인 한계도 컸다. 당시에는 네트워크 환경이 3G(3세대 이동통신)를 처리하기에도 버거웠다. 3차원 그래픽을 처리하기에는 클라우드 환경도 매우 빈약했다. 현재 아마존 웹 서비스AWS와 마이크로소프트 등 안정적인 클라우드 환경을 제공하는 빅테크 기업이 포진한 것과는 대비되는 지점이다.

세컨드라이프의 이용 지역이 주로 미국 지역에 한정된 것도 문제였다. 근래의 메타버스 플랫폼들은 국내외를 넘나들며 사람을 모은다. 네이버제트의 〈제페토〉만 해도 2억 명이 넘는 가입자 중에 해외 이용자가 90%에 달한다.

메타버스 원조 플랫폼, 싸이월드

한국에서의 메타버스 원조는 단연 싸이월드다. 1999년에 서비스를 시작한 싸이월드에서는 미니룸이라는 2D 가상공간에 친구의 아바타인 미니미를 초대해서 놀 수 있었다. 게다가 실물 화폐로 결제한 도토리라는 가상화폐를 이용해 내 싸이월드 공간을 꾸밀 수도 있었다.

당시에 스킨이라 불리는 미니홈피 배경화면은 도토리로 구매해 꾸미는 게 필수적인 요소였다. 미니홈피 배경화면을 꾸미지 않는 게 마치 벌거벗은 느낌이 들었기 때문이다. 스킨의 가격은 도토리 15개부터 45개까지였다. 도토리 하나당 100원이었다. 싸이월드 선물가게에서는 스킨 이외에도 구매할 수 있는 게 많았다. 자신의 아바타가 거주하는 공간인 미니룸 아이템도 구매할 수 있었다. 창문과 현관, 가구 등 방의 구색을 갖추기 위해 기꺼이 도토리를 현금 결제했고, 구매한 도토리로 해당 아이템을 샀다. 내 미니홈피를 방문할 때 흘러나오는 배경음악BGM도 도토리로 구매했다.

이 때문에 혹자가 현재의 메타버스를 "싸이월드 미니홈피에 VR 채팅을 단 수준"이라고 비판하는 것도 나름 일리가 있다. 2D 기반의 이 원조 플랫폼에는 요새 말하는 메타버스의 요건들이 모두 갖춰져 있었기 때문이다. 싸이월드를 이용했던 사람들에게는 현재의 소셜형 메타버스 플랫폼들이 싸이월드의 변형 버전 정도의 수준이라고 느껴질지도 모른다.

따라서 원조 메타버스 공간인 싸이월드를 다시 부활시켜 요즘 시대에 맞춘 공간으로 탈바꿈하려는 시도는 어색한 일이 아니다. 메타버스 사업을 가장 쉽게 하는 방법일 수 있다. 싸이월드의 회원 DB 3,200만 명 중에 30%만 복귀할 수 있어도 1,000만 명에 달하는 활성 이용자 수를 얻게 된다. 활발한 경제활동으로 구매력을 갖춘 3040세대는 모두 싸이월드에 대한 향수가 있다. 잡코리아가 2021년 4월 직장인 709명을 대상으로 자신의 리즈 시절 유행과 트렌드가 무엇인지 조사한 결과, 3040세대 모두 싸이월드를 1위로 꼽았다.

2021년 들어 부활의 날갯짓을 펼치고 있던 싸이월드는 12월 말부터 미니홈피, 미니룸 꾸미기, 선물하기, 배경음악 설정 등 기능을 그대로 부활시켰다. 2D 공간이었던 미니룸은 3D로 구현해 메타버스 플랫폼으로 재탄생시킬 계획이다. 싸이월드 부활을 위한 동반자는 한글과컴퓨터(한컴)로 낙점됐다. 한컴은 싸이월드제트와 합작법인 싸이월드 한컴타운을 설립하고 메타버스 사업을 공동 추진한다.

한컴타운은 한컴이 자체 개발한 온라인 협업 서비스다. 비대면 환경에서도 소규모 회의와 미팅이 가능하도록 한 2D형 공간이다. 미국의 메타버스 업무 플랫폼 개더타운을 벤치마킹한 것으로 아바타를 활용해 가상 오피스에 출근할 수 있다. 기업이 특정 고객을 대상으로 세미나나 광고, 마케팅 활동을 진행할 수 있도록 했다. 한컴타운과 한컴오피스를 싸이월드와 연계해 한글, 워드, 엑셀, 프레젠테이션 등 여러 형식의 문서를 공유하거나 편집할 수 있도록 지원할 계획이다.

한컴과의 협력으로 시작했지만, 싸이월드가 그리는 미래는 도토리 가상경제를 기반으로 한 블록체인 생태계를 구축하는 일일 것이다. 자체 암호화폐를 발행하고, 나만의 미니미나 미니룸은 '대체 불가능한 토큰NFT'에 기반해 만들 수 있도록 하는 것이다. 영원히 사라지지 않을 데이터를 블록체인으로 구현한다는 계획이다. 이미 추억이라는 이름의 데이터를 잃을 뻔한 경험이 있는 이용자들은 이 같은 싸이월드의 방식을 지지할 가능성이 크다.

싸이월드 얘기를 듣고도 메타버스가 거창한 단어로 읽힌다면 요새 초등학생들이 가장 관심 있어 하는 메타버스 공간 얘기를 좀 해보겠다. 무릎을 칠 것이다. 바로 카카오톡 프로필 배경화면이다. **요즘 초등학생과 중학생들은 자신의 카카오톡 프로필 배경화면을 꾸미는 데 온 힘을 다한다.** 배경화면에 나의 성격을 드러내는 MBTI 결과를

메타버스 3.0

넣고, 내가 좋아하는 사진을 배치한다. 내가 좋아하는 음악을 맨 위에 틀어두기도 한다. 싸이월드 시절의 미니홈피 스킨을 꾸미고, 미니룸을 채우고, BGM을 넣던 것과 하나도 달라지지 않았다. **나의 모습이 가장 먼저 드러나는 가상의 공간에 타인에게 보이고 싶은 대로 나를 꾸며두는 일, 그것 자체로 메타버스다.**

메타버스 1.0에서 3.0 시대로 진화

2020년 10월, 엔비디아 젠슨 황 CEO의 입에서 메타버스라는 용어가 다시 소환됐다. 2021년 3월 〈로블록스〉는 상장했다. 바야흐로 메타버스 3.0의 시대에 도래한 것으로 보인다. 1.0 시대와 2.0 시대를 넘어섰다. 1992년 메타버스의 개념이 쓰였던 SF 소설 《스노 크래시》부터 2003년 세컨드라이프의 시대까지가 1.0 시대고, 이후 2007년 아이폰으로 대변되는 모바일 혁명 이후부터 2010년대 구글 글라스로 대표되는 시기가 2.0 시대다. 2.0 시대에는 가상현실과 증강현실의 혁명을 만들어내기 위해 관련 기기를 꾸준히 만들었지만 번번이 실패했다.

이제는 메타버스 3.0 시대가 됐다. 사람들 기억 속에서 사라지던 메타버스는 코로나19 유행을 맞아 화려하게 부활했다. 클라우드, 그래픽처리장치GPU, 인공지능AI, VR, AR 등 기술이 총체적으로 진화하며 보다 정교한 가상 세계 구현이 가능해졌다. 〈로블록스〉와 〈제페토〉, 〈마인크래프트〉 등 각종 게임형·소셜형 메타버스 플랫폼이 이름을 알리고 있다. 애플은 2022년에 AR 글라스를 내놓고 AR 기업으로 도약할 것이다.

암호화폐 네트워크를 기반으로 한 NFT도 한몫하고 있다. 암호화폐 비트코인은 2021년 11월 기준, 원화로 사상 최고가인 8,000만 원을 넘어서며 신고가를 기록했고, 이더리움도 600만 원에 다가섰다. 방탄소년단BTS IP를 활용한 NFT가 나오고, 아이돌 그룹 에스파는 자신의 모습을 똑 닮은 아바타 네 명과 함께 데뷔해 대중에게 인기를 얻고 있다.

일련의 사건들에서 어떤 느낌이 오는가? 새로운 세계로 들어가는 입구에 서 있는 느낌이 들지 않나? **메타버스 3.0 시대로 진입하는 서막이 우리 앞에 펼쳐지고 있는 것이다. 미국 시가총액 5위 안에 드는 빅테크 기업 페이스북이 자기 회사 이름을 메타로 바꿨다는 게 얼마나 중요한 일인지 인식해야 한다는 얘기다. 이것을 인식하는 사람과 그렇지 못하는 사람의 차이는 하늘과 땅 사이의 거리보다 더 멀어질 것이라 확신한다.**

미국 초등학생
70%가 즐기는 〈로블록스〉

〰️

2021년 11월, 〈로블록스〉가 3분기 실적을 발표했다. 어닝 서프라이즈였다. 매출액이 전년 대비 2배 이상 늘어난 5억 390만 달러(약 6,000억 원)를 기록했다. 메타버스 플랫폼에 대한 기대감이 매출 두 배 상승이라는 결과물로 나오자, 〈로블록스〉 주가는 단 하루 만에 42%나 폭등했다.

매일 〈로블록스〉에 접속하는 일일 활성 사용자 수DAU는 전년 동기 대비 31% 늘어난 4,730만 명에 달했다. 얼마나 대단한 숫자냐면, 국내 PC방 원톱 게임인 〈리그 오브 레전드League of Legends〉가 글로벌 단위로 하루 평균 2,700만 명의 접속자를 기록 중이다. 〈리그 오브 레전드〉가 PC 게임 시장에서 글로벌 1위를 놓치지 않는다는 점에서 볼 때, 〈로블록스〉의 위상이 얼마나 대단한 것인지 다시 확인할 수 있다.

특히 미국의 학생들이 모두 학교에 복귀했음에도 〈로블록스〉

미국 초등학생 70%가 이용하는 메타버스 게임 플랫폼 〈로블록스〉

이용자가 더 늘었다는 사실이 중요한 지점이다. 2021년 10월 이후, 코로나19를 완전 퇴치하기 어렵다고 판단한 미국은 바이러스와의 공생을 모색 중이다. 〈로블록스〉는 코로나 시대 2년 만에 10대 이용자 등 미래 세대 전반을 주요 고객으로 완벽하게 록인lock-in시켰다. 이 정도면 일시적인 현상이 아닌, 몇 년 뒤 일상이 완벽하게 회복된 뒤에도 플랫폼 강자의 지위를 공고히 할 것으로 보인다.

〈로블록스〉는 미국의 초등학생 70%가 이용하는 게임으로 완벽하게 자리를 꿰찼다. 미국 10대들은 매일 156분을 〈로블록스〉에서 논다. 하루 이용시간인 틱톡 58분, 유튜브 35분보다 훨씬 압도적인 숫자다. 넷플릭스가 가장 긴장하는 회사가 〈로블록스〉라는 말이 과언이 아닌 것이다. **플랫폼들의 제1의 목표는 고객의 시간을 빼앗는 것**

인데, 미래 세대인 청소년의 시간을 모두 〈로블록스〉가 빼앗았다. 〈로블록스〉 CEO 데이비드 바스주키David Baszucki는 "17년 전 사업을 시작하면서 새로운 시대가 올 것으로 내다봤다. 우리 회사는 메타버스 비전을 추진하고 있고, 이를 달성하기 위해 집중하고 있다"고 강조했다.

이용자가 돈을 벌 수 있는 메타버스 플랫폼

로블록스는 미국의 게임 회사다. 2004년 데이비드 바스주키와 에릭 카셀Erik Cassel이 설립했다. 회사 이름과 플랫폼 이름이 똑같은 〈로블록스〉에 2020년 코로나19로 등교를 못 한 미국의 청소년들이 모여들었다. 〈로블록스〉에 빠져 부모와 자녀 간에 갈등이 벌어졌다는 이야기가 나오고, 〈로블록스〉로 돈을 벌어 부모의 주택 담보대출을 갚아줬다는 이야기까지도 나왔다. 〈로블록스〉의 급격한 성장이 도드라진 결과들이다. 2021년에 〈로블록스〉는 그 자체로 신드롬이 됐다.

2021년 3월 뉴욕 증시에 상장한 이 회사 플랫폼에는 하루에만 수만 개, 연간 2,000만 개의 새로운 게임이 올라온다. RPG(역할 수행 게임), FPS(총싸움), 레이싱, 어드벤처, 캐주얼 등 온갖 종류의 게임이 있다. 〈로블록스〉에서 자체적으로 만든 게임보다 이용자가

'오징어 게임'을 즐기는 〈로블록스〉 속 캐릭터들

직접 만들어 올리는 게임이 압도적으로 많다.

현재 만들어진 게임 방은 누적 5,000만 개에 달한다. 최근 넷플릭스에서 1억 명 이상이 시청하며 전 세계 신드롬이 된 드라마 '오징어 게임' 제목의 방도 수백 개가 만들어져 있다. '오징어 게임'에서 첫 번째로 소개된 '무궁화 꽃이 피었습니다' 게임은 선풍적인 인기를 끌고 있다. 자신의 아바타 캐릭터가 움직이면 죽고, 정해진 선을 통과하면 사는 게임이다. '오징어 게임'과 같은 특정 콘텐츠가 퍼져나가는 속도는 입이 벌어질 정도다. 수백 개의 게임 방이 하루도 채 안 돼 순식간에 만들어지고, 반응이 없으면 순식간에 사라진다. 재밌는 방의 채팅창에는 영어뿐만 아니라 중국어, 스페인어 등 수많은 언어가 폭발적으로 올라온다.

〈로블록스〉의 가장 큰 특징은 게임의 자유도가 높은 샌드박스형 장르라는 것이다. 플랫폼 위에서 다양한 게임을 만들 수 있다. 누구나 〈로블록스〉 게임 개발자가 되어 직접 게임을 만들 수 있다. 코딩에 익숙하지 않더라도 끌어다 놓기(드래그 앤드 드롭)만으로도 게임이 뚝딱 만들어진다.

〈로블록스〉 인기 게임 중 하나는 〈탈옥수와 경찰〉 게임이다. 현재 듀크Duke대학에서 컴퓨터과학을 전공 중인 알렉스 발판즈Alex Balfanz가 고등학교 재학 시절인 17세 때 만들었다. 누적 이용자 수만 48억 명이고, 게임 속 아이템 판매액만 연간 수십억 원으로 추정된다. 알렉스는 〈로블록스〉에서 만난 친구와 아홉 살 무렵부터 게임 개발에 몰두했고, 8년 만에 게임 개발에 성공했다.

〈로블록스〉에서 수많은 게임이 만들어지는 이유는 게임이 팔릴 때(이용자가 접속할 때)마다 게임 개발자에게 일정 비율이 배분되는 가상경제 시스템이 형성되어 있기 때문이다. 〈로블록스〉가 게임 매출에 대한 수수료를 떼고 나머지는 개발자에게 정산하는 식이다. 이때 게임 개발자에게 배분되는 돈은 〈로블록스〉의 가상화폐 로벅스Robux다. 로벅스는 실제 현실에서 쓰는 돈인 달러로 환전할 수 있는데, 10만 로벅스가 됐을 때 환전이 가능하다.

〈로블록스〉 게임 중에는 동시 접속자가 수십만 명에 달하는 게임도 많다. 수십만 명이 동시에 게임을 즐긴다는 것은 마치 유튜브 라이브 방송을 수십만 명이 동시에 보고 있는 것과 같다. 많은 사람이 더 자주 특정한 게임에 접속할수록 게임을 개발한 사람은 돈을 더 벌게 된다.

게임을 직접 개발하는 대신 〈로블록스〉 게임 속에서 이용할 수 있는 아이템을 만들어 팔 수도 있다. 자신이 만든 아이템이 팔릴 때에도 제품 금액의 30%가 인센티브로 지급된다. 〈로블록스〉는 이용자 모두가 스스로 경제활동을 하고 돈을 벌 수 있는 플랫폼을 지향한다. 이른바 플레이 투 언Play to Earn, P2E 게임의 속성이다. 게임을 하면서 돈을 벌 수 있다는 얘기다(P2E 게임의 특징은 뒤에서 다시 살펴보겠다).

가상경제 시스템이 작동된다는 것은 곧 게임을 이용하는 사람들(게임 개발자, 이용자) **모두 돈을 벌 수 있는 구조가 마련되어 있다는 것이다.** 2020년에 〈로블록스〉에서 게임을 개발하거나 아이템을 만드는 127만 명의 개발자가 벌어들인 평균 수익은 1만 달러(약 1,300만 원)다. 상위 300명은 10만 달러(약 1억 1,300만 원) 이상을 벌어들였다.

〈로블록스〉가 단시일 내에 이용자를 끌어모은 또 다른 비결은 현재 출시된 모든 소프트웨어와 디바이스에서 이용할 수 있다는 점이다. 접근성이 뛰어난 것이다. PC는 물론, 안드로이드와 iOS 기반의 모바일 기기에서도 구동된다. 디바이스도 스마트폰, 태블릿, 오큘러스 VR, XBOX에서까지 모두 실행된다. 특히 〈로블록스〉 게임은 그래픽이 뛰어난 수준이 아니다. 도트 기반 그래픽으로, 고성능 컴퓨터를 사용하지 않더라도 창작을 할 수 있다. 게임을 즐기는 데도 어려움이 없다. CPU 성능만 받쳐준다면 게이밍용으로 부적합하다는 취급을 받는 인텔 내장 그래픽카드가 달린 노트북에서도 멀쩡히 돌아간다.

〈로블록스〉 마케팅에 뛰어든 기업들

이탈리아 명품 브랜드 구찌Gucci가 〈로블록스〉에서 한정판으로 내놓은 구찌 퀸 비 디오니소스 가방이 35만 로벅스에 팔리는 일이 있었다. 이는 4,115달러(약 465만 원)에 달하는 가격이다. 구찌의 실제 디오니소스 가방(3,400달러)보다 더 비싸다. 구찌와 〈로블록스〉의 협업으로 탄생한 이 가상의 아이템에는 구찌의 시그니처인 여왕벌 문양이 크게 박혀 있다. 구찌의 이 가방은 〈로블록스〉 상에서만 존재한다. 실제 현실에서는 착용이 불가능한 순수 〈로블록스〉 아이템이다. 애초 1.2~9달러 수준이었는데, 가방 아이템을 구매한 사람이 〈로블록스〉 앱스토어에서 다시 판매하면서 가격이 급등했다.

〈로블록스〉에서 팔린 구찌 퀸 비 디오니소스 가방은 구찌가 설립 100주년을 맞아 구현한 구찌 가든Gucci Garden 안에서 판매됐다. 이탈리아 플로렌스Florence에 있는 구찌 가든을 〈로블록스〉 상에서 그대로 구현한 것이다. 이 구찌 가든 안에서 〈로블록스〉 이용자는

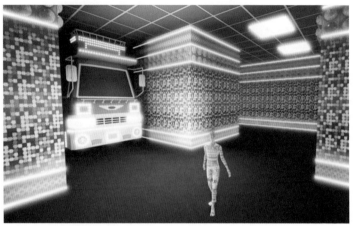

구찌가 〈로블록스〉 플랫폼 안에 구현한 구찌 가든

자신의 아바타 캐릭터 대신 마네킹으로 모습이 바뀐다. 이 마네킹으로 구찌 디자이너들이 제작한 피팅복을 입고, 디자이너들이 만든 소파와 조형물 사이를 마음대로 돌아다닐 수 있다. 이동을 하면서 마치 아이템을 획득하듯 전시된 구찌의 물품을 착용할 수 있게 했다. 가상 세계이지만 이탈리아의 실제 구찌 가든을 돌아다니는 느낌을 내는 것이다.

구찌처럼 브랜드를 홍보하고 마케팅하려는 기업들은 저마다 자체 공간을 만들고 있다. 미국의 신발 브랜드로 유명한 라이프 스타일 브랜드 반스Vans는 2021년 9월 〈로블록스〉에 반스 월드를 만들었다. 가상 스케이트 파크에서 자신만의 반스 장비와 스케이트보드를 골라 아바타를 꾸밀 수 있도록 한 공간이다. 반스 월드

메타버스 3.0

이용자는 자신의 캐릭터로 반스 제품을 착용해볼 수 있고, 반스 신발 디자인을 직접 디자인한 뒤에 주문까지 이어지도록 구현했다. 자신이 원하는 신발을 직접 디자인하는 과정에서 브랜드에 대한 접근성과 호감도를 높이는 마케팅이다.

현대자동차도 지사의 모빌리티를 체험할 수 있도록 현대 모빌리티 어드벤처를 주제로 한 공간 다섯 곳을 마련했다. 이용자는 이 공간 안에서 차량을 직접 운전하거나 UAM(도심항공교통), 로보틱스 등 미래 모빌리티를 경험할 수 있다. 〈로블록스〉 속 캐릭터로 현대차에 직접 탑승해보고 운전해보는 경험을 통해 친숙도를 높이도록 한 것이다.

〈로블록스〉가 키워가는 클라우드 기술력

〈로블록스〉는 2021년 10월 말 시스템 오류로 사흘간 접속이 안 됐다. 〈로블록스〉 사용자 수가 급격하게 증가하면서 데이터센터에 문제가 생겼다고 〈로블록스〉 측은 해명했다. 실제로 가상공간의 거대한 경제 생태계를 유기적으로 돌아가게 하기 위해서는 강력한 정보기술 인프라가 필요하다. 결제와 환전 등 가상경제 체계가 문제없이 이뤄질 수 있어야 하기 때문이다. 보상으로 받은 가상화폐가 해킹당하지 않도록 하는 보안도 생명이다.

〈로블록스〉는 모든 서비스를 자체 클라우드로 지원하는 〈로블록스〉 클라우드 시스템을 운용 중이다. 클라우드 시스템으로 돌아가기 때문에 수백만 명의 동시 접속자로부터 만들어지는 막대한 양의 데이터를 처리할 수 있다. 이 때문에 PC와 모바일, 콘솔 기기 등 각기 다른 디바이스에서도 쉽게 〈로블록스〉를 즐길 수 있다. 회사는 2020년 한 해 동안 인프라 구축에만 2억 6,420만 달러(약 3,000억 원), 연구 개발에 2억 140만 달러(약 2,300억 원)를 투입했다. 〈로블록스〉를 단순한 게임 기업이 아닌 클라우드 인프라가 완비된 테크 기업이라고 부르는 이유다.

메타버스 플랫폼의 네 가지 특징

〈로블록스〉와 〈제페토〉, 〈마인크래프트〉 등 2021년에 본격 입에 오르내린 메타버스 플랫폼들은 모두 오픈월드, 샌드박스, 아바타, 가상경제의 네 가지 성격을 띤다.

오픈월드는 게임 안에서 이용자가 높은 자유도를 기반으로 거대한 맵을 특별한 이동 제한 없이 자유롭게 다닐 수 있는 시스템이다. 오픈월드는 곧 샌드박스의 성격도 띤다. 샌드박스는 마치 어린아이가 모래밭에서 마음껏 여러 가지를 시도해보며 뛰놀 수 있을 것 같은 환경을 제공하는 것을 뜻한다. 때문에 이용자는 게임

내 시스템을 자신이 원하는 대로 창의성을 발휘해 바꿀 수 있다.

보통의 게임을 떠올려보자. 기존 게임에서는 정해진 퀘스트가 있고, 그것을 끝까지 완료하는 게 게임을 구성하는 주요 테마다. 이용자가 선택할 수 있는 자유도는 게임 속 아이템을 내 캐릭터에 장착하고, 특별한 능력치(스탯)를 올리는 것 정도다. 20여 년 만에 다시 출시되어 아저씨들의 마음을 설레게 한 블리자드Blizzard사의 〈디아블로2: 레저렉션Diablo2: Resurrection〉 게임이 대표적이다. 이 게임은 액트 1부터 액트 5까지 단계에 따른 미션을 차례로 수행하며 완료하는 게 핵심 목표다. 게임사 의도대로 만들어둔 한정된 맵이 있고, 해당 맵 바깥으로는 움직이지 못한다.

〈GTAGrand Theft Auto〉 게임은 〈디아블로 2〉보다는 조금 더 진화한 형태의 오픈월드 게임이다. 맵의 전 지역을 이동할 수 있다는 점에서 오픈월드 게임이다. 하지만 창작할 수 있는 요소가 차량을 개조하는 것 정도라는 점에서 샌드박스형 게임은 아니다.

반면 〈로블록스〉나 〈마인크래프트〉는 오픈월드와 샌드박스 성격을 동시에 띠는 게임들이다. 게임 속 지형을 마음대로 변경하고, 건물을 세우고, 아이템을 제작하는 등 창작의 자유도가 높다. 또 맵 전체를 마음대로 이동할 수도 있다.

이 메타버스 플랫폼들에는 현실의 나를 대리할 아바타가 있다. 이용자의 분신 역할을 하는 아바타는 게임 속에서 내 의도대로 움직인다. 따라서 이용자는 가상 세계에서 자신을 대신하는 아바타를 꾸미고픈 욕망을 갖게 된다. 즉, 현실 세계의 내 모습이 자신이 원하는 이상형이 아니라면 아바타를 통해 내가 원하는 이상을 실현하고자 하는 것이다. 아바타의 모양을 바꾸거나 아바타를 꾸미는 산업이 생기는 이유다.

마지막으로는 가상 세계의 경제체제다. 가상 플랫폼들은 현실의 화폐로 전환할 수 있는 다양한 형태의 경제 자산이 구현되어 있다. 〈로블록스〉와 〈제페토〉가 대표적이다. 〈로블록스〉는 가상화폐 로벅스, 〈제페토〉는 코인Coin과 젬Zem이 있다. **가상경제가 작동되어야 돈을 벌기 위해 많은 이용자들이 모인다. 플랫폼에 이용자들을 묶어둘 수 있다는 점에서 가상경제가 없는 곳들은 새로 경제 체계를 만드는 시도도 한다.** SK텔레콤의 메타버스 플랫폼 〈이프랜드〉가 가상화폐를 만들려고 시도하는 이유다.

메타버스 3.0

네이버의 메타버스
야심작 〈제페토〉

〈제페토〉를 단 한 번도 이용해보지 않았어도, 메타버스에 조금이라도 관심 있다면 들어봤을 첫 번째 단어가 '제페토'일 것이다. 한국의 대표 메타버스 플랫폼을 얘기할 때 첫 번째로 꼽는 회사다. 메타버스 트렌드에서 밀리지 않으려는 기업들은 저마다 〈제페토〉에 자사를 홍보하거나 고객과의 접점을 넓힐 수 있는 가상 월드를 만들고 있다. '메타버스에 뛰어든다'는 구색 갖추기용으로 가장 쉽게 할 수 있는 게 바로 〈제페토〉에 가상공간을 만드는 일이었다. 한국에서 메타버스라는 단어가 마케팅 용어로 너무 남발되는 게 아니냐는 비판도 바로 이 지점에서 나온다.

그럼에도 **〈제페토〉는 2021년 3분기 기준 2억 4,000만 명의 누적 이용자를 모으며 한국에서 원톱인 메타버스 플랫폼이 됐다.** 〈제페토〉는 네이버 전체 콘텐츠 부문 매출을 견인하며 회사의 새로운 성장 동력으로 완벽하게 자리매김했다. 네이버제트의 모회사인 스노우의 매출은

〈제페토〉의 안정적인 성장에 따라 전년 동기 대비 매출이 100% 성장했다. 네이버는 2021년 3분기 실적 발표에서 "2억 4,000만 명의 누적 가입자를 보유한 〈제페토〉는 이용자 증가와 함께 브랜드 제휴, 라이브, 게임 기능이 추가되며 매출도 성장하고 있다"고 설명했다.

특히 네이버제트는 2021년 11월 소프트뱅크로부터의 신규 투자 유치를 마무리했다. 아시아를 넘어서는 글로벌 메타버스 플랫폼으로 도약하기 위한 제2의 준비를 마친 것이다. 이해진 네이버 창업자는 지난 2019년에 "네이버 안에서 네이버보다 더 큰 기업이 나와 네이버가 잊히길 바란다"고 밝힌 바 있다. 불과 몇 년 만에 '네이버의 손자회사 〈제페토〉'라는 표현보다 '〈제페토〉의 모회사인 네이버'로 인식하는 사람이 더 많아졌을 만큼 〈제페토〉는 진화하고 있다.

미국엔 〈로블록스〉, 아시아엔 〈제페토〉

초등학교 6학년인 김소민 양은 요새 학교에 다녀오면 곧바로 〈제페토〉에 접속한다. 위드 코로나 정책이 본격 시행되면서 등교가 시작됐고, 친구들을 만날 수 있다. 하지만 학교가 끝나면 친구들도 모두 가상 세계로 모여든다. 〈제페토〉는 소민이에게 걸 그룹

네이버의 메타버스 플랫폼인 〈제페토〉 서비스

블랙핑크의 제니 언니와 로제 언니를 만나게 해주는 공간이다. 이 곳에서 블랙핑크가 찍은 아이스크림 뮤직비디오 세트장을 배경으로 셀카도 찍었다. 소민이는 "학교에 못 가게 되면서 친구들과 모두 〈제페토〉에서 만났는데, 이제는 학교가 끝나도 친구들을 이곳에서 만난다"고 말했다.

〈제페토〉는 네이버의 손자회사인 네이버제트(네이버제트는 스노우의 사회사이고, 스노우는 네이버의 자회사다)가 2018년에 개발한 3차원 아바타 앱이다. 서비스를 시작한 지 3년이 채 되지 않아 전 세계 2억 명이 가입했다. 2021년 10월 말 기준 누적 가입자 수는 2억 4,000만 명이다. 국내에서 개발된 인터넷 서비스 중 게임 다음으로 가장 많은 글로벌 이용자를 확보한 것이다. 지역을 기준으로 〈제페토〉 전체 서비스 이용자의 90%가 해외 이용자다. 중국과 일본 가입자가 많은데, 중국 가입자가 70% 비율을 넘는 것으로 알려졌다.

특히 가입자 연령대 기준으로 보면 전체 이용자의 80%가 10대일 정도로 어린 세대가 많이 이용하는 플랫폼이다.

〈제페토〉는 2018년 첫 출시 당시에는 아바타를 생성하고 옷을 입히는 인형 놀이 수준이었다. 하지만 2019년 업그레이드를 거치며 소셜 미디어 성격으로 진화하기 시작했다. 업그레이드된 버전에서는 아바타끼리 친구를 맺고, 사진을 찍고, 동영상을 만들어 공유할 수 있도록 이용자의 참여를 유도했다.

〈제페토〉가 네이버의 증강현실 기술을 활용해 본인 얼굴과 닮은 아바타를 만들 수 있도록 한 것은 10대가 몰려들게 한 신의 한 수로 꼽힌다. 1,000개가 넘는 표정을 지원하며 자신이 실제로 느끼는 감정에 기반한 얼굴 표정을 아바타로 풍부하게 표현할 수 있도록 만들었다. **자신을 드러내고 싶어 하는 10대의 욕망을 건드리면서 대박을 친 것이다.** 이후 〈제페토〉는 현실에서 가능한 다양한 서비스를 가상공간에 직접 도입하기 시작했다. 이용자가 〈제페토〉의 가상공간인 제페토 월드에서 서로 만나고 놀 수 있도록 공간을 점차 확장해나간 것이다.

전환점을 맞이한 시점은 바로 2020년이다. 2020년 5월 〈제페토〉를 운영하는 네이버제트는 스노우에서 물적 분할되며 분사했다. 이후 하이브에서 70억 원, YG엔터테인먼트와 JYP엔터테인먼트에서 각각 50억 원씩 투자받으며 국내 대표 엔터테인먼트사와의 접점을 늘려왔다. **엔터테인먼트사와의 접점은 제페토 월드 안에서 아**

이돌 그룹 같은 스타들과의 만남이 늘어나는 결과를 만들었다. 스타의 아바타와 사진을 찍거나 가상 세계에 만들어진 스타의 방을 직접 방문할 수 있도록 했다. 2020년 9월 블랙핑크 사례가 대표적이다. 블랙핑크가 신곡 〈아이스크림〉을 선보이자, 〈아이스크림〉 뮤직비디오 무대를 아바타가 방문하고 인증샷을 찍을 수 있도록 제페토 월드로 구축했다. 블랙핑크가 〈제페토〉에서 연 가상 팬 사인회에는 4,600만 명이 넘는 이용자가 다녀갔고, 며칠 만에 5,000만 명 가까이 모인 것 자체로 가상 세계에 대한 관심이 더 커지는 계기가 됐다.

신新 경제활동 창구로 뜨는 〈제페토〉

〈제페토〉에는 제페토 스튜디오가 있다. 〈제페토〉 이용자는 이 스튜디오를 활용해 〈제페토〉의 가상공간인 제페토 월드를 직접 만들 수 있다. 〈제페토〉의 가상공간은 맵으로 불리는데 현재 〈제페토〉에는 2만 개 이상의 맵이 있다. 네이버제트가 직접 개발한 공식 맵보다 〈제페토〉 이용자가 만든 맵이 더 많다. BTS 월드나 블랙핑크 테마파크처럼 K팝을 즐기는 아이돌 팬을 위한 맵이 알려져 있다. 점프, 슈팅, 탈출, 라이딩, 모험 등 게임 요소가 포함된 게임 맵도 있다.

제페토 월드는 일종의 놀이터 개념이다. 이용자는 이곳에 모여 서로 게임을 즐길 수도 있고 메시지를 주고받으며 소통할 수 있다. 제페토 월드에서 유명한 공간은 점프마스터, 한강공원 등이다. 점프마스터에는 9,000만 명, 한강공원에는 2,000만 명 이상이 방문했다. 점프마스터 맵은 게임 요소를 갖춘 〈제페토〉에서 가장 인기 있는 맵으로, 아바타들과 함께 각종 장애물을 피하면서 정상에 먼저 올라가 누가 먼저 탈출할지를 겨룬다. 한강공원 앱은 한강공원을 그대로 재현해 한강을 거니는 느낌이 나도록 만들어졌고, BGF리테일은 CU 편의점을 만들어 실제 편의점 물건을 진열하기까지 했다.

제페토 스튜디오에서는 아바타가 착용 가능한 의상 등 아바타를 꾸미는 아이템을 제작해 판매할 수도 있다. 제페토 스튜디오 출시 한 달 만에 아이템 판매로 나온 매출이 8억 원이 넘었다. **메타버스 플랫폼이 창작자들 사이에서 새로운 경제활동 창구로 떠오른 것이다.** 현재 〈제페토〉에서 판매되는 아이템 가운데 80% 이상을 〈제페토〉이용자가 직접 제페토 스튜디오로 만들었다. 이용자가 스스로 제작한 아이템이 2,500만 개가 팔렸다. 이용자는 〈제페토〉의 가상화폐인 코인과 잼을 이용해 의상을 구매할 수도 있다. 제페토 스튜디오 이용자는 70만 명을 넘어섰다.

전 세계 기업들의 마케팅 창구가 된 〈제페토〉

〈제페토〉는 〈로블록스〉와 마찬가지로 글로벌 패션 브랜드가 자사의 지식재산권IP을 활용해 만든 패션 아이템을 소개하는 장소로 활용된다. 이탈리아 명품 브랜드 구찌는 〈로블록스〉에 이어 〈제페토〉에서도 제휴 사업을 펼치고 있다. 구찌를 비롯해 나이키, 디오르, 컨버스, 디즈니, 푸시버튼 등의 패션 브랜드도 잇달아 입점했다. 입점은 곧 〈제페토〉에 가상공간을 꾸미는 것을 의미한다. 아바타를 위한 아이템을 만드는 것도 포함된다.

삼성전자도 〈제페토〉에서 라이프 스타일 TV 3종을 판매했다. TV 3종은 수백만 원짜리 실물이 아닌 메타버스 아이템으로 만들어진 제품이었다. 하지만 단 5분 만에 준비된 수량 1만 5,000대가 동나면서 선풍적인 인기를 끌었다. 현대자동차도 〈제페토〉에 다운타운과 드라이빙 존을 구현했다. 이곳에서 고객들에게 쏘나타 N 라인을 시승할 수 있게 했다. **이들 브랜드가 노리는 것은 Z세대를 중심으로 한 미래 세대다.** 10대는 아직 TV나 자동차를 구매할 나이가 아니고, 고가의 명품 브랜드도 버겁다. 하지만 이들에게 처음으로 해당 상품을 구매하는 느낌을 주려는 것이다. **현실과 유사한 경험을 미래 세대에게 직접 제공하면서 브랜드에 대한 친밀감을 높이려는 시도다.**

삼성전자가 브랜드 론칭을 기념해 〈제페토〉에서 한정 판매한 라이프 스타일 TV

〈제페토〉의 미래 신사업 목표는 NFT

〈제페토〉는 현재의 소셜형에서 한발 더 나아가 게임형으로 바꾸려고 시도하고 있다. 일반 이용자가 게임을 직접 만들 수 있는 게임 만들기 기능을 선보인다는 것이다. 그동안은 다양한 테마의 가상공간에서 아바타들이 만나 소통하는 기능에 집중했다. 이제는 가상경제가 본격 작동될 수 있는 게임을 제작해 플랫폼의 사이즈 자체를 키우는 게 목표다. 이용자가 직접 올린 게임을 친구들과 함께 즐기고, 게임을 통해 직접 수익을 내고, 게임을 만들어 보상을 받는 한국판 〈로블록스〉를 노린다. 게임으로 출발한 미국의 〈로블록스〉가 이제는 소셜형 공간이 되기 위해 보폭을 키우고 있는 것과는 반대다. 소셜형으로 시작한 〈제페토〉는 게임형이 되는 게 목표다.

게임을 제작한다는 것은 곧 가상경제 체제를 다듬겠다는 얘기다. 현재도 〈제페토〉에서 결제가 이뤄지는 코인과 젬 기반의 경제 체제를 고도화하겠다는 것이다. **플랫폼이 스스로 자생력을 갖기 위해서 가장 필요한 것은 물건을 원활하게 사고팔 수 있는 체계를 이루는 일이다.**

게임을 통한 비전을 실현시킬 회사는 바로 소프트뱅크로 낙점됐다. 2021년 11월, 네이버제트는 소프트뱅크, 하이브 등으로부터 2,200억 원 규모 투자를 유치했다. 이번 투자는 소프트뱅크가 메타버스 플랫폼에 들인 최초의 거액 투자다.

〈제페토〉는 이번 투자를 통해 현재 구상하고 있는 NFT 기반 자체 경제 생태계를 고도화하는 작업에 돌입할 것으로 보인다. NFT는 블록체인 기술을 토대로 디지털 콘텐츠의 원본을 불법 복제본과 구별할 수 있게 해주는 일종의 증명서다(자세한 내용은 뒤에서 설명하겠다). 아이템을 직접 만들고 사고팔 수 있도록 스튜디오가 갖춰진 〈제페토〉에서 특정한 이용자가 직접 만들었다는 표식을 블록체인을 통해 인증하는 것이다. 자신의 창작품에 영구적인 가치를 부여할 수 있다는 점에서 메타버스 플랫폼들은 모두 플랫폼 안의 자산을 NFT화 하려고 시도한다.

앞서 〈제페토〉가 2021년 5월에 블록체인 기반 메타버스 플랫폼인 〈더 샌드박스The Sandbox〉와 손을 잡은 것도 이 같은 큰 그림에서 비롯한다. 〈더 샌드박스〉는 〈제페토〉 생태계 안에서 첫 NFT를 발행했다. 〈제페토〉의 이용자들 혹은 크리에이터들에게 NFT를 경험할 수 있게 한다는 측면이었다. 총 970개의 NFT가 판매됐다. 이후 네이버제트가 2021년 8월 블록체인 스타트업 슈퍼블록에 투자한 이유도 NFT 때문이었다.

네이버제트와 소프트뱅크의 협력이 NFT로 향하고 있다는 것은 라인프렌즈 캐릭터를 활용한 NFT 발행이 이미 이뤄진 것에서도 엿볼 수 있다. 2021년 8월 네이버 관계사인 라인은 자사가 보유한 라인프렌즈 캐릭터 IP(지적재산권)를 활용해 NFT를 발행했다. 라인프렌즈 오리지널 캐릭터인 브라운, 샐리, 코니가 들어간 NFT 3종이었다. 〈제페토〉가 보유한 자체 IP를 활용해서도 NFT가 발행될 수 있다는 그림이 그려진다.

사실 네이버와 소프트뱅크는 2021년을 기점으로 깊은 수준의 협력을 만들어가고 있다. 네이버의 관계사 라인과 소프트뱅크의 Z홀딩스는 일본에서 합작회사를 세웠다. 첫 목표는 일본에서만 1억 명의 월간 순 활성자 수MAV를 보유한 메신저 라인을 기반으로 일본의 이커머스 시장을 장악하는 것으로 드러났다. 합작회사는 네이버가 국내서 47만 명의 판매자를 확보하면서 성공적으로 입지를 다진 쇼핑 플랫폼 스마트스토어의 일본판인 마이 스마트스토어 서비스를 시작했다. 아날로그화된 일본 내수 쇼핑 시장을 다 잡아먹겠다고 선언하고 네이버가 들어간 것이다. 마이 스마트스토어는 일본 판매자들이 무료로 온라인 상점을 만들고 관리할 수 있는 서비스다. 간편하고 빠르게 스토어를 개설할 수 있을 뿐 아니라, 라인 메신저의 공식 계정과 연동돼 이용자들과 일대일 소통도 할 수 있다. 국내와 마찬가지로 매장별 판매 전략에 도움이 되는 분석 데이터를 제공한다.

쇼핑 분야만큼 메타버스 플랫폼을 활용해 홍보와 마케팅을 하기 쉬운 분야도 없다. 일본에 메타버스 붐이 일기 시작하면 국내와 마찬가지로 〈제페토〉라는 메타버스 플랫폼에 자신의 기업과 브랜드를 홍보하는 월드를 만드는 일본 회사들이 생겨날 수 있다. 손정의 소프트뱅크 회장이 네이버제트에 돈을 넣는 이유다.

빅테크가
몰려온다

메타버스를 실현할 기술
시각, 청각, 촉각

～～～

영화 〈레디 플레이어 원〉 속 주인공은 VR 헤드셋을 끼고, VR 슈트를 입고 가상현실 속 세상의 숨겨진 아이템을 찾기 위해 모험을 떠난다. 이때 VR 슈트를 입으면 가상 세계의 피부 감각이 고스란히 현실의 나에게 전해진다. 가상 세계 속 나의 아바타가 흠씬 두들겨 맞으면 그 고통의 감각이 그대로 내 몸에 전해지는 것이다.

영화 〈킹스맨〉에서도 XR 시대의 실마리를 엿볼 수 있다. 전 세계에서 활동하는 요원들을 만나기 위해서는 AR 글라스를 착용하기만 하면 된다. AR 글라스를 착용함과 동시에 텅 빈 회의실 자리 곳곳에 홀로그램으로 요원들이 등장한다. 영화 속 미래가 공상이라고 느껴진다면 당신은 틀렸다. 머지않아 전 세계인 모두가 경험할 미래다.

AR과 VR 등의 기술을 통칭해 가상융합기술, XR이라고 부른다. 실감기술이라고도 부르는 XR이란 단어는 확장현실extended reality에

스티븐 스필버그의 영화 〈레디 플레이어 원〉

서 따왔다. 현실과 가상 세계를 연결하는 다양한 기술을 통칭한다. 가상현실, 증강현실, 혼합현실, 홀로그램 등의 기술들은 모두 현실과 비슷한 가상공간에서 시간과 공간의 제약 없이 소통하고 생활할 수 있도록 하는 기반이 된다. **실감기술은 메타버스 시대를 열 핵심 열쇠로 꼽힌다. 1990년대 말 인터넷망과 인터넷 기술 보급으로 온라인 세계가 펼쳐졌고, 스마트폰 보급으로 2010년대에는 모바일 세계가 펼쳐졌다. 2020년대에는 XR 기술에 기반한 새로운 디지털 세계가 열린다.**

XR 시장의 사이즈는 점점 커질 것이라는 게 업계의 판단이다. 컨설팅 기업 PwC는 XR 시장이 2019년 455억 달러(약 5조 665억 원)에서 2030년 1조 5,429억 달러(약 1,719조 원)로 늘어날 것으로 전망했다. 시장이 허상이 아니고, 계속해서 커지고 있다는 얘기다. 페이스북, 마이크로소프트, 구글, 애플 등 미국의 빅테크 기업들은 XR 기술을 선점하기 위해 2010년대 초부터 관련 시장에 뛰어들었다. XR 기술이 발달하는 정도에 따라 메타버스 시대의 도래에 영향을 미친다.

기업들은 저마다 AR과 VR 등 시각 기술 개발과 청각 기술, 촉각 기술까지 세 가지 기술 발전에 집중하고 있다. XR 기기 등 하드웨어를 개발하고 나면, 하드웨어가 구동될 소프트웨어를 만들고, 이후 플랫폼을 만든다. 소프트웨어가 안정적으로 작동되게 할 클라우드 등 인프라 기술을 고도화하는 동시에 이 플랫폼에 하드웨어를 쓰고 즐길 콘텐츠를 개발하는 식이다.

인간의 시각을 확장하는 VR과 AR

먼저 VR과 AR은 주로 인간의 시각에 방점이 찍혀 있다. VR은 눈앞의 시야를 완벽하게 차단하는 형태로 구동된다. AR은 눈앞의 현실은 그대로 보여주되, 3차원의 가상 이미지가 겹쳐 보인다.

VR은 컴퓨터로 구현한 가상의 세계에서 사람이 실제와 같은 경험을 할 수 있는 기술이다. 가상현실을 체험할 때, 현실 세계의 정보는 전혀 보이지 않은 채 가상으로만 만들어진 세계가 펼쳐진다. 흔히 롤러코스터를 구현해놓고 VR 기기를 쓴 채 아찔함을 느끼거나, 높은 빌딩 위에서 다른 빌딩 위로 다리를 건너는 등 게임에서 구현되기도 한다. 즉, 현실 세계와의 분리된 공간이라는 게 중요하다. VR 헤드셋을 쓰는 순간 현실은 차단되고, 가상 세계만 남는다.

AR은 현실 세계를 기반으로 가상의 그래픽을 덧씌운다. 현실을 기반으로 정보를 출력하는 시스템으로, 스마트폰이나 글라스 형태의 기기 위로 현실을 투영해 그 위에 각종 그래픽 정보를 띄우는 것이다. 자동차 계기판 위로 운전자에게 정보를 제공하는 자동차 헤드업 디스플레이도 AR이다. 가상 피팅 서비스 등도 AR이다. 현실과 가상이 서로 뒤섞여 있으면 MR(혼합현실)인데, AR이 곧 MR이라고 봐도 무방하다.

미국의 정보 기술 연구 회사인 가트너Gartner가 개발한 기술의 성숙도를 표현하는 도구인 하이프사이클Hypecycle에 따르면, 기술의 발달 단계는 5단계 과정을 거친다.

#1단계 잠재 기술력으로 관심을 받는 단계

#2단계 기대가 정점에 이르는 단계

#3단계 다수 기업이 실패하며 일부 기업만이 투자를 이어 가는 단계

#4단계 기술이 안정화되고 시장에서 수익 모델이 나타나며 다수 기업의 투자가 증가하는 단계

#5단계 해당 기술이 보편적인 주류 기술로 자리 잡은 단계

현재 업계에서 VR 기술은 2020년 기준 4단계에 도달했으며, AR과 MR 기술은 3단계를 지난 것으로 본다. 가트너는 2022년 이후에는 몰입형 디스플레이 수요가 폭발적으로 증가하며 VR, AR, MR 기술이 대중화 단계에 이를 것으로 내다봤다(뒤에서 VR과 AR 기술의 현주소에 대해 더 구체적으로 살펴보겠다).

가상 세계 생동감을 높이는 청각 기술

메타버스에 필요한 대표적인 기술에는 소리도 포함된다. 대형 영화관에서 느낄 수 있는 공간 음향 등 3D 음향 기술이 바로 메타버스 시대를 열 청각 기술이다. 실제와 같은 환경 조성을 위해서는 인간의 오감 중 청각을 만족시켜야 한다. 공간 음향은 소리가 모든 방향에서 청취자를 둘러싸는 기술이다. 듣는 사람의 앞이나 뒤, 위와 아래, 뒤에서 앞으로 퍼져나가는 소리까지 모두 구현이 가능하면 몰입감이 극대화된다.

통상 공간감을 느끼기 위해서는 소리가 공명할 수 있는 공간이 필요하다. 그런데 블루투스 이어폰이나 헤드셋으로도 공감 음향이 가능하다면 메타버스 시대에 성큼 다가설 수 있다.

이 시장을 주도하고 개척하는 회사는 애플이다. 애플의 공간 음향 기술은 전 세계 최고로 고도화되어 있다. 애플이 귀를 완전

메타버스 3.0

©애플

애플이 출시한 무선이어폰인 에어팟 프로(왼쪽)와 에어팟 3세대(오른쪽)

히 덮는 하이엔드 헤드폰 에어팟 맥스 신제품을 내놓으며 고성능 헤드폰 시장 접수에 나선 것도 메타버스를 실현할 핵심 기술이 소리임을 알기 때문이다.

에어팟 맥스를 착용한 뒤 공간 음향 기능을 지원하는 영화를 보면 "와" 하는 탄식이 절로 나온다. OTT 서비스 왓차Watcha에서는 공간 음향 기술을 느낄 수 있는 돌비 애트모스Dolby Atmos 기술이 적용된 영화를 감상할 수 있다. 예를 들어 돌비 애트모스 기술이 적용된 영화 〈스파이더맨: 홈커밍Spider-Man: Homecoming〉을 감상하게 되면 소리가 들려오는 방향이 달라진다. 영화에서 스파이더맨이 거미줄을 쏠 때는 머리 뒤편에서 이마 쪽으로 소리가 퍼져나가는 느낌이 든다.

애플이 2021년 10월에 정식 출시한 무선이어폰 에어팟 3세대에는 이 같은 에어팟 맥스의 기술이 적용돼 공간 음향이 구현됐다. 에어팟 3세대는 최적의 청취 경험을 살리기 위해 귓속에 착용된 형태에 맞춰 실시간으로 사운드를 조정한다. 쉽게 말해 애플의 에어팟이 자동으로 귓속에 주기적으로 초음파를 쏘고, 적외선 센서로 귀 내부의 크기를 측정한다는 얘기다. 이를 통해 음악을 들을 때 귓속에서 반사되는 음량을 내부 마이크로 잡아서 이용자의 귀에 맞게 최적의 음질을 제공하는 식이다. 애플의 프로세서가 자동으로 최적의 음역대를 프로세싱하는 것이다. 양쪽 귀가 수신하는 주파수를 미세하게 조정해 이용자 주변으로 풍부한 사운드를 배치한다.

소리를 차단하는 액티브 노이즈 캔슬링ANC 기능 고도화에도 애플은 힘쓰고 있다. 귀를 완전히 덮는 헤드폰 형태인 에어팟 맥스는 수준 높은 노이즈 캔슬링 기능을 위해 좌우 네 개씩 총 여덟 개의 마이크를 탑재했다. 이 때문에 노이즈 캔슬링 기능을 사용하면 아무도 없는 나홀로 공간에 있는 것처럼 주변 소리가 들리지 않는다. VR 기기들은 통상 눈앞의 현실을 완벽히 차단하는데, 소리까지 완벽하게 차단되지 않으면 몰입감이 떨어질 수 있다. 이 때문에 노이즈 캔슬링은 완벽한 VR 세계의 접속을 보장하는 핵심 소리 기술이다.

촉각 기술 키우는 페이스북과 애플

VR 슈트와 같은 촉각 기술이 들어간 미래형 도구도 필요하다. 상대방의 아바타가 내 몸에 닿았을 때 내 피부로 감각이 고스란히 전해진다면 생생함이 달라진다. 리모컨으로 조작하고 시각적으로만 보이는 가상현실 세계보다 촉각까지 느껴지는 게 더 수준 높은 것은 당연한 얘기다. 이 때문에 전 세계 모든 기업과 기관들이 손이나 손목의 움직임을 측정해 반영시키는 기술을 앞다투어 개발하고 있다.

페이스북의 AR 손목 밴드는 대표적인 촉각 기술이다. 페이스북은 2021년 3월 아시아태평양 인사이드더랩Inside The Lab 미디어 세션에서 손목에 흐르는 전류의 변화를 감지해 정보 기기를 조작하는 기술을 소개했다. 미세한 손가락의 움직임을 감지해서 컴퓨터에서 클릭이 가능하도록 한 것이다. 페이스북은 이론적으로 밴드를 착용하고 나면 타이핑을 하는 동안 뇌가 손가락에 보내는 신경 신호를 추적하고, 물리적인 버튼 없이도 가상 키보드를 칠 수 있다고 설명했다.

페이스북은 "초기 연구의 피크 단계고, 수백만 명이 사용할 수 있을 만한 상품으로 제조·판매하기까지는 수년이 걸릴 것"이라고 밝혔지만, 근전도 기반의 신경 정보를 활용하는 것 자체가 놀라운 일이다. 신경계에서 손으로 전달하는 신경 신호를 포착하는 것으로, 손을 움직이고자 하는 의도를 알아서 감지해낸다.

애플이 특허를 낸 반지 형태의 웨어러블 디바이스 스마트링도 마찬가지다. 애플은 2020년 미국 특허청에 확장형 링 단말기라는 이름으로 스마트링을 출원했다. VR 안경과 함께 사용하거나 헤드셋을 착용했을 때, VR 장갑을 사용한 것보다 정확도가 높은 링 액세서리 특허다.

특허에 따르면 반지는 자체 혼합 간섭계SMI 센서를 기반으로 작동한다. SMI 센서는 파장을 이용해 센서와 대상 사이의 움직임을 광학적으로 측정한다. SMI 센서가 탑재된 반지는 착용자 움직임을 해석하고, 주변 물체와의 관계를 파악할 수 있다. 애플은 2014년부터 스마트 링 프로젝트를 진행해왔다. 이전 특허에는 반지에 햅틱(진동) 피드백을 적용해 메시지나 전화가 오면 진동을 울려 알리는 기능 등이 포함됐다. 손 전체를 감싸는 장갑보다는 스마트링 형태가 훨씬 더 범용 가능성이 크다고 볼 수 있다.

국내 연구진도 VR 장갑을 개발하고 있다. 울산과학기술원UNIST 과 서울대 공동연구팀은 VR 이용자가 VR 세계 속에서 물체를 만질 때 실제 물체를 만지는 것과 같은 열감과 진동을 느낄 수 있는 VR 장갑을 개발했다. 장갑의 고정밀 유연 센서가 사용자의 손과 손가락의 움직임을 측정해 가상현실로 즉시 전달하고, 가상 세계의 열과 진동 같은 자극을 손으로 다시 전달하도록 한 것이다. VR 장갑은 다섯 개 손가락의 열 개 관절 각도를 실시간으로 측정할 수 있을 뿐만 아니라 열감과 진동도 여러 단계로 바꿀 수 있다. 예를 들어 가상현실 속에서 뜨거운 물 속에 있는 쇠 구슬을 짚는다고 가정해보자. 이때 실제로 뜨거운 물에 손을 넣었다가 뺀 것과 같은 순차적인 온도 변화를 느낄 수 있게 하는 게 VR 장갑의 기술력이다. 손으로 금속 덩어리를 만졌을 때의 냉랭한 기운을 느끼거나 나무토막을 만졌을 때의 온도 차이를 느끼는 것도 가능하다는 게 연구진의 설명이다.

페이스북이 주도하는
VR의 세계

"우리는 메타버스가 모바일 인터넷의 후계자라고 생각한다. 메타버스가 완전히 대체하지는 않겠지만 그것은 분명히 다음 플랫폼이다."

2021년 10월 전 세계 최대 소셜 네트워크 회사 페이스북이 회사명을 메타Meta로 바꿨다. 페이스북이 사명을 바꾼 것은 2004년 창업 이후 17년 만의 일이다.

메타라는 이름은 메타버스의 앞글자인 메타에서 땄다. 마크 저커버그Mark Zuckerberg 페이스북 CEO는 회사의 이름을 바꾸겠다고 선언한 자리서 무려 1시간 30분 동안 원맨쇼를 펼쳤다. 새로운 세계로 사람들을 이끌겠다는 기대감에 싱글벙글했다. 저커버그는 마치 메타버스 세계로 초심자들을 데려가려는 선지자처럼 보였다.

저커버그는 "많은 사람들이 도대체 메타버스가 무엇이냐?"라고 묻는다면서 "인터넷 클릭처럼 쉽게 시공간을 초월해 멀리 있는

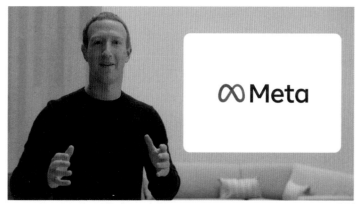

회사 이름을 메타로 바꾸고 메타버스 사업에 올인하겠다고 선언한 페이스북

© 메타

사람과 만나고 새로운 창의적인 일을 할 수 있는 인터넷 다음 단계"라고 답한다고 말했다. 그는 "메타버스에서는 상상할 수 있는 거의 모든 일을 할 수 있다"면서 "미래에는 출퇴근할 필요 없이 사무실로, 친구와 콘서트장 등으로 홀로그램을 통해 즉시 텔레포트할 수 있다"고 밝혔다. 또 "메타버스는 존재감을 느끼는 플랫폼이 될 것이다. 먼 곳에 있는 사람과 현재 함께 있다고 느끼는 존재감은 소셜 테크놀로지의 궁극적인 꿈"이라고 말했다.

페이스북은 이날 메타버스 회의실인 호라이즌 워크룸, 집 형태인 호라이즌 홈, 많은 사람들이 아바타 형태로 모여 교류하는 광장 형태인 호라이즌 월드 등 호라이즌 시리즈를 소개했다. VR 헤드셋인 오큘러스의 이름도 메타로 변경하기로 했다. 또 게임 콘텐츠를 메타버스 형태로 전환할 수 있도록 적극 지원하기로 했다.

이에 따라 오픈월드 액션 어드벤처 게임인 〈GTA: 산 안드레아스〉가 VR용으로 리메이크된다.

이게 왜 중요한 일이냐면, **2021년 6월 기준 시가총액 1조 달러(약 1,170조 원)를 넘긴 회사가 이름을 바꾸면서까지 신사업을 펼치겠다는 얘기기 때문이다. 아직 나이가 많지 않은 1984년생 창업주가 메타버스 세계로 들어갈 준비를 끝냈다는 선언이다.** 단순히 메타버스로 진출하겠다는 선언으로만 봐서는 안 된다. 메타버스로 모든 사업을 이끌어갈 기술적인 준비가 이미 끝났다고 보는 게 맞다. 사람들만 이 시장에 들어오게 하면 되는 수준이다. 전 세계 78억 인구의 44%인 35억 명의 이용자를 보유한 기업은 이제 새로운 시대로 들어가기 위해 양들을 이끌 목동이 되겠다고 선언한 것이다. 그동안 메타는 모바일 앱 시장을 구글과 애플이 독점하면서 페이스북이 원 오브 뎀One of them이 돼버린 것을 안타까워했다. 페이스북이 이제는 서드 파티 앱(내려받는 앱)에서 벗어나겠다는 의지다. 지금 이 부분을 읽고 있는 사람들은 "대체 왜 이렇게 페이스북을 칭송하는 거야?"라고 물을 수도 있겠다. 필자는 진정으로 페이스북이 미래 메타버스 시대를 주도할 회사가 될 것만 같다. 오큘러스 VR 기기를 무료 수준까지 가격을 내리고 퍼트리면서 사람들을 진정한 메타버스로 이끌 첫 번째 회사가 될 것만 같다는 느낌이 든다.

VR 시장을 완벽히 장악한 페이스북

페이스북은 메타버스 시대를 열 시각 기술인 VR 기기 시장에서 압도적인 시장 점유율을 보이고 있다. 시장조사 업체 카운터포인트Counterpoint가 2021년 1분기 XR 헤드셋 시장에 대한 보고서를 발표했는데, 페이스북의 오큘러스 퀘스트 시리즈는 시장에서 압도적인 독점 지위를 보였다. 오큘러스 퀘스트 시리즈의 시장 점유율은 2020년 1분기에 34% 수준이었으나, 1년 만에 75%까지 점유율을 끌어올렸다. 전 세계 XR 기기의 4대 중 3대는 페이스북 것이라는 얘기다.

페이스북은 2014년에 VR 디바이스 회사 오큘러스를 2조 6,000억 원에 인수하면서 메타버스 시장에 뛰어들었다. 당시 저커버그는 단 5일 만에 회사 인수를 결정한 것으로 알려질 정도로 VR 화두에 꽂혀 있었다. 이후 페이스북은 2017년 오큘러스 퀘스트 시리즈의 첫 작품인 오큘러스 고Oculus Go 모델을 내놓은 뒤로 헤드셋의 성능을 지속해서 업그레이드해왔다. 2020년 9월에 출시한 오큘러스 퀘스트2는 VR 기기 중에 가장 성능이 뛰어난 역작으로 평가받는다. 머리에 써야 하는 헤드셋의 무게는 503g으로 전작보다 10% 이상 줄었고, 가격도 299달러(약 33만 원)로 꽤 저렴해졌다. VR 기기 특유의 문제로 지적됐던 가상 세계 안에서의 부자연스러운 움직임이나 오래 쓰고 나면 어지럽거나 눈이 피곤한 문제도 대폭 줄

전 세계 **VR** 기기 시장의 **75%** 점유율을 차지한 페이스북의 오큘러스 시리즈

© SK텔레콤

어들었다. 저장 용량도 64GB에서 128GB로 확대했다. 특히 소프트웨어 업데이트를 통해 주사율 120Hz 지원과 블루투스 연결을 통한 외부 키보드 사용, 무선 연계가 가능한 에어링크 지원으로 PC와 연결되는 등 확장성이 대폭 강화됐다. 오큘러스 퀘스트2는 2020년 4분기에만 전 세계에서 110만 대가 팔렸다.

페이스북의 메타버스 총괄 임원인 비샬 샤Vishal Shah는 "1,000만 대 이상의 가상현실 헤드셋이 보급되기 시작하면 메타버스의 급격한 성장 시대가 도래할 것"이라고 내다봤다. **매직넘버가 1,000만 이라는 것인데, 그 이상의 숫자가 되면 콘텐츠와 가격 측면에서 규모의 경제 가 생길 것이라는 얘기다.** 공교롭게도 데이터 제공 회사인 스타티스타Statista는 가상현실 헤드셋이 2023년이면 연간 1,000만 대 이상의

메타버스 3.0

판매량을 기록하게 될 것으로 예상했다. 2025년에는 5,290만 대 규모까지 시장이 커질 것으로 관측했다. 가상 세계의 시대가 얼마 남지 않은 것 같다.

한편 오큘러스 퀘스트2는 전용 운영체제와 프로세서를 탑재해 외부 PC나 콘솔과 같은 도구가 없어도 VR 콘텐츠를 독립적으로 실행하고 작동시킬 수 있다. 페이스북은 2021년 8월에 메타버스 회의실 호라이즌 워크룸도 만들었다. 호라이즌 워크룸은 오큘러스 VR 헤드셋을 끼고 참여하는데, 사용자의 노트북이나 태블릿과 연동이 된다. 동료를 향해 팔을 흔들면 가상회의장 속 아바타도 나와 똑같이 팔을 흔들고, 타이핑하면 가상워크룸 속에서 똑같이 구현된다.

페이스북이 만들어갈 공공의 메타버스

저커버그는 "코딩을 시작했던 중학교 때부터 아이디어를 생각해왔다. 그때 하고 싶었던 것 중 하나가 바로 그 환경에 있으면서 다른 장소로 순간이동해 친구와 함께 있을 수 있도록 하는 것이었다"고 말한 바 있다. 그에게는 메타버스 플랫폼 구축이 갑작스러운 시대의 흐름에 따른 변화라기보다는 그가 오랫동안 꿔왔던 꿈인 것이다.

꿈의 실현을 위해 그가 선택한 것은 생태계 자체를 최대한 개방해서 확장하고, 범용 메타버스 플랫폼을 구축하는 것이다. 저커버그는 플랫폼별로 개별로 존재하는 메타버스가 아니라, 온라인 공간과 같은 모두가 하나의 공간으로 경험할 수 있는 플랫폼을 만들려고 한다. 페이스북의 소프트웨어를 통해 만든 공간에서 생활하다가도 다른 회사에서 만든 공간으로도 순식간에 이동할 수 있도록 개방적 환경이 만들어져야 한다는 것이다.

그는 "메타버스는 공공장소 같은 온라인 공간이 돼야 한다. 사람들이 공동으로 상호작용하는 모든 것이 메타버스여야 한다. 회사마다의 자체 메타버스는 없어야 한다"고 주장했다. 저커버그는 이어 "메타버스는 회사 홀로 만드는 것이 아니다. 우리 모두가 기여해야 하는 더 넓은 플랫폼"이라고 밝혔다.

페이스북의 VR 헤드셋인 오큘러스 퀘스트를 과거엔 페이스북 계정으로만 접속할 수 있게 했는데, 최근 구글을 비롯한 다른 회사의 계정으로도 접속이 가능하도록 개방한 것이 이 같은 예다. 비샬 샤 메타버스 총괄은 "앞으로 수년간 우리는 페이스북이 만든 제품뿐만 아니라 여러 기기에서 모두 사용할 수 있는 소프트웨어 규격을 마련하기 위해 협력을 하게 될 것"이라고 밝혔다.

생태계를 확산하기 위해 천문학적인 자금을 장기적으로 투자할 계획이다. 페이스북은 2021년에만 10억 달러(약 1조 2,000억 원)를 투자하기로 했다. 실제로 페이스북이 오큘러스를 인수한 시점이 2014년이라는 점에서, 7년간 사업 규모를 확장해왔다. 앞으로 10년간 더 사업을 지속하겠다는 의지도 페이스북은 밝혔다. 유럽에서만 1만 명의 인원을 신규 채용하겠다고 한 것도 생태계 확장을 위한 계획이다.

메타버스 관련 외부 연구 활동을 지원하기 위해 향후 2년 동안 5,000만 달러(약 590억 원)를 투자한다고도 했다. 확장현실 프로그램과 연구 펀드XR Programs and Research Fund 기금을 조성한 것인데, 펀드 초기 파트너로 미국 하워드Howard대학이 선정됐다. 한국의 서울대학교를 비롯해 홍콩대학교, 미주기구 등과도 제휴해 메타버스 연구 개발을 지속한다. 아울러 누구라도 VR 시장 확대에 나설 수 있도록 개발자를 위한 소프트웨어 개발 키트SDK와 테스트 도구도 제공한다.

저커버그는 미국의 한 매체와의 인터뷰에서 "많은 사람이 메타버스를 엔터테인먼트 요소가 있는 게임으로 생각하지만 저는 메타버스가 단지 게임이라고 생각하지 않는다"고 말했다. 적당히 가상공간을 경험하고 즐기는 정도가 아니라 가상 세계에서 내가 존재하고 머무는 것처럼 느낄 수 있을 만큼의 강력한 실재감을 느껴야 한다는 얘기다. 영화 〈매트릭스〉의 주인공인 네오가 활동하는 가상 세계는 실제 현실과 같은 경험을 하는 공간이다. 가상 세계가 현실인지, 현실이 가상 세계인지 분간을 못 할 정도의 실재감이다. 그런 메타버스 시대를 저커버그가 열어젖힐 수 있을까.

암호화폐 디엠으로 꿈꾸는 통합된 가상경제

가상 세계에는 가상 세계를 작동시키는 가상경제가 가장 중요한 가치로 꼽힌다. 〈로블록스〉도 로벅스로 가상경제를 이룩하고 있고, 〈제페토〉도 젬이나 코인으로 가상경제를 구축했다. 페이스북도 결제와 금융서비스 부서를 모두 디지털 지갑 노비Novi 프로젝트로 통합했다. 자사의 전자결제 서비스 페이스북 페이도 페이스북이라는 이름을 떼어냈다.

노비 프로젝트는 페이스북의 메타버스 결제 인프라 기능을 할 예정인데, 디지털 지갑인 노비를 채울 암호화폐가 바로 디엠Diem이다. 디엠은 실제 세계의 화폐인 달러와 가치가 연동되도록 추진하는 스테이블 코인이라는 점에서 탈중앙형 암호화폐인 비트코인과는 다르다.

디엠은 페이스북이 2019년에 발표한 디지털화폐 리브라Libra 프로젝트를 포기하고 대체한 것이다. 앞서 페이스북은 2019년에 페이스북과 페이스북 메신저에서 돈을 송금하고 결제할 수 있도록 하는 페이스북 페이 서비스를 론칭했다. 기금 모금, 게임 내 아이템 구매, 이벤트 티켓팅, 개인 간 송금, 페이스북 마켓플레이스 상품 구매 등으로 시작해 2021년 7월부터는 일반 쇼핑몰에서도 이 결제 시스템을 쓸 수 있도록 했다.

즉, 페이스북은 전 세계를 아우르는 결제 시스템을 만들었고, 결제 시스

템에서 사용할 수 있는 통합 코인도 만들었다. 범용 메타버스 플랫폼을 만들기만 하면 곧바로 전 세계를 아우르는 가상경제 시스템을 도입할 수 있는 채비를 마친 것이다.

애플과 구글을 넘어설 유일한 방법, 메타버스

저커버그는 2020년부터 메타버스 회사가 되겠다고 여러 차례 공언해왔다. "앞으로 5년 안에 소셜 미디어 회사를 메타버스 회사로 전환할 것이다. 사람들이 페이스북을 메타버스 회사로 인식하기를 바란다"고 밝혔다.

사실 저커버그가 메타버스 회사로의 변신을 강조한 이유는 애플과 구글 때문에 스마트폰 중심의 모바일 시대에 핵심 플랫폼으로서 역할을 해내지 못했다는 인식에서 비롯한다. 저커버그는 "우리가 증강현실에 많은 투자를 하는 것은 페이스북이 스마트폰과 동시에 등장했기 때문이다. 이 때문에 페이스북은 플랫폼을 구축하는 데 큰 역할을 하지 못했다"고 밝힌 것에서 알 수 있다. 페이스북이라는 SNS 회사가 플랫폼으로서 현재를 이끌어나가지 못하고, 플랫폼 위에 태울 콘텐츠를 만들어내는 기업에 불과하다는 문제의식이 있다.

페이스북과 애플의 충돌로 이 같은 생각은 더욱 가속화됐을 것으로 보인다. 2021년에 애플과 페이스북은 개인 정보보호 문제로 시끄러웠다. 애플이 2021년 4월부터 아이폰 사용자들이 자신의 사용 기록을 페이스북 등 스마트폰 앱이 수집하지 못하도록 선택할 수 있는 기능을 도입했기 때문이다. 이 때문에 페이스북의 매출은 급감한 것으로 알려졌다. 페이스북의 광고주들이 애플의 사생활 보호 정책으로 고객 데이터를 수집하지 못하면서 맞춤형 광고가 불가능해졌고, 페이스북에 직접 하는 광고를 줄였다. **신사업을 만들어내야만 생존할 수 있는 상황에서 페이스북의 메타버스 선포식은 선택이 아닌 필수였다는 얘기가 나오는 이유다.** 30억 명 가까운 사람들이 이용하는 플랫폼으로 비치지만, 실제론 페이스북은 플랫폼으로서 미래 어젠다를 주도하지 못하고 끌려간다는 느낌이 컸을 것이다.

더구나 최근 페이스북은 내부 고발자의 폭로로 이중고를 겪던 상태였다. 페이스북의 전 수석 프로덕트 매니저 프랜시스 하우건이 미 증권거래위원회SEC와 하원에 제공한 수백 건의 내부 문건인 페이스북 페이퍼가 회사의 숨겨진 문제를 들춘 것이다. 문건에는 '인스타그램이 10대들의 정신 건강을 해친다는 것을 내부 연구로 알고 있으면서도 모른 척한다'나 '페이스북의 젊은 사용자들이 좋아요Like와 이모지 반응을 충분히 얻지 못하면 스트레스와 불안을 겪는다' 등 내부에서만 공유되던 정보들이 쏟아져나왔다. 즉, 페이스북이 청소년에게 미치는 유해성을 감췄고, 허위 정보 유포를 통

메타버스 3.0

제하지 않았다는 비판이다. 이 같은 타이밍 때문에 페이스북의 메타버스 선포식은 이미지 반전을 꾀하기 위한 일종의 미봉책에 불과하다는 비난도 나왔다.

메타버스 시대로 패러다임을 바꿔야 그동안 직면해왔던 문제들을 단번에 넘어서며 미래를 주도할 수 있다는 얘기다.

일상의 삶을 대체하는 VR 시장

VR 시장이 커지면서 게임 이외의 산업에서도 점차 VR 활용도가 높아지고 있다. 가상현실 치료Virtual Reality Therapy, VRT가 대표적인 예시다. 이전에는 상상으로만 가능했던 경험을 실제로 VR을 통해 접하게 하면서 과거의 상황이나 현실의 문제를 치료해낸다. 예를 들어 외상 후 스트레스 장애PTSD에 시달리는 베트남 퇴역 군인을 위한 VR 치료 프로그램이나 이라크 전쟁 참전 용사들을 위한 프로그램이 있다. 2001년 9·11 테러에서 살아남은 사람을 치료하는 데도 VR을 사용했다. 고소공포증 환자가 높은 곳에서 뛰어보는 VR 도전으로 고소공포증을 극복한 사례도 있다.

하지만 전문가들은 XR 기술을 일반인도 편하게 이용하기 위해서는 시야를 완벽하게 차단하는 VR보다는 눈앞의 사물에 가상세계를 덧입히는 AR 기술이 발달해야 메타버스 시대가 확 열린다고 본다. 김상균 강원대학교 산업공학과 교수는 "페이스북의 헤드셋인 오큘러스 퀘스트2가 예전보다 훨씬 좋아졌다고 하지만, 일상의 스마트폰만큼의 접근성을 따라갈 수는 없다"며 "공원이나 카페, 지하철에서 VR 기기를 쓰고 다닐 수는 없지 않느냐"고 지적했다.

AR 기술의 꽃,
스마트 글라스 쟁탈전

～

미국 과학기술 전문지 〈MIT 테크놀로지 리뷰〉는 21세기 최악의 발명품 중 하나로 이 제품을 꼽았다. 바로 구글 글라스다. 최고의 발명품이 아니라 최악의 발명품이다. 혁신의 폼팩터(기기)로 세상을 놀라게 했지만, 각종 사생활 논란 등이 불거지며 시장의 외면을 받았다.

구글 글라스는 2012년에 처음으로 세상에 나왔다. 구글의 공동 창업사인 세르게이 브린은 2012년 구글 개발자대회(I/O)에서 세계 최초의 스마트 안경 구글 글라스를 발표했다. 소개 방식부터 파격적이었다. 구글 글라스를 착용한 스카이다이버들이 낙하산을 메고 비행기에서 뛰어내렸다. 스카이다이버가 쓴 구글 글라스에 비친 샌프란시스코 전경이 콘퍼런스장에 생중계됐다.

안경으로 사진과 영상을 찍고, 음성만으로 인터넷에 연결될 수 있다는 사실에 관중은 흥분했다. 1,500달러(약 175만 원)에 가까웠

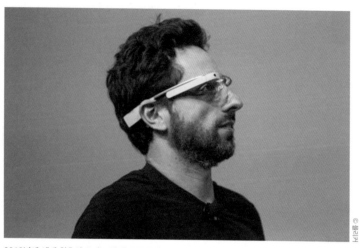

2012년에 세계 최초의 스마트 안경 구글 글라스를 공개한 세르게이 브린

던 가격에도 행사장에 참석한 2천여 명의 관중은 선주문 행렬에 동참했다. 그러나 구글 글라스를 처음 공개한 이후 3년 만인 2015년에 판매와 제작이 공식 중단됐다. 소비자 반응이 냉담했기 때문이다. 음성인식 등 외부 공간에서 불편한 사용성, 글라스에 달린 카메라로 인한 사생활 침해 논란 등으로 시끄러웠다.

구글의 첫 시도는 불발로 끝났다. 하지만 구글을 포함해 페이스북, 마이크로소프트, 애플 등 빅테크 기업은 수년간 안경형 스마트 폼팩터 만들기에 몰입했다. 그 결과 시야를 완전히 가리는 가상현실 기기 오큘러스 시리즈로 페이스북이 VR 시장을 개척했다. 마이크로소프트는 헤드셋형 AR 글라스 홀로렌즈 시리즈로 산업

메타버스 3.0

현장의 문을 열었다. 하지만 휴대하기에 거추장스러운 크기 등 사용성이 여전히 발목을 잡고 있다.

애플과 구글이 2022년에 스마트 글라스를 내놓으면 진정한 폼팩터 혁명이 이뤄질 전망이다. **자본과 시간을 들일수록 기술은 끊임없이 발전한다. 스마트 글라스는 현실을 벗어난 가상 세계 메타버스로 향하는 열쇠로 꼽힌다.** 최악의 발명품이란 오명을 썼던 스마트 글라스는 최고의 발명품으로의 영예를 조만간 얻게 될까?

빅테크 기업 모두가 뛰어든 스마트 글라스 개발

AR 글라스는 2010년대 내내 스마트폰을 대체할 차세대 기기로 꼽혀왔다. 하지만 소비자 눈높이에 맞는 웨어러블 제품이 나오지 못했다. 제품이 무겁고, 쓰고 있으면 어지럽고, 구동이 불편하다는 소비자 불만이 잇따랐다.

누구나 편하게 쓰기 위해서는 첫째, 장시간 이용하는 데 제약이 없도록 가벼워야 한다. 생활용은 100g, 산업형은 200g 수준이다. 둘째, 넓은 시야각(50~90도)을 유지해야 한다. 현재 AR 글라스의 시야각은 최대 40도 정도에 불과하다. 셋째, 끊김 없이 저지연재생(지연 기간 20㎳ 이하)이 가능해야 한다. 해상도를 높이고 머리를 돌렸을 때 지연 시간 안에 영상과 시선을 일치시켜야 하는 것이다. 여기에는 5G 이상의 통신 기술과 센서, 인공지능 처리 기술이 요구된다.

마지막으로는 배터리다. 사용이 편하려면 배터리를 안경 안에 내장해야 한다. 현재의 충전식 배터리는 부피가 크기 때문에 안경의 형태를 자유롭게 만들지 못한다. 이에 기존 배터리의 20배 정도의 집적도를 가진 전고체 배터리가 대안으로 제시된다. 전고체 배터리는 한번 충전하면 스마트폰 기준 한 달은 쓸 수 있다. 때문에 최근에 양산되는 전기차에도 전고체 배터리를 넣고 있는데, 스마트 글라스 배터리에도 도입이 필요하다는 것이다.

하지만 아직까지 이 네 가지 문제를 모두 해결한 기업은 없다. **압도적인 경쟁우위를 갖춘 기업이 없다는 점은 빅테크 기업들의 치열한 경쟁이 예상되는 대목이다. 기기가 중요한 이유는 보통의 사람들은 기기를 손에 넣고 나서야 해당 기기에 기반한 새로운 플랫폼과 콘텐츠를 내 것으로 받아들일 수 있기 때문이다.** 스마트폰을 쓰는 사람이 늘어나면서 모바일 시대로 본격 접어들었던 지난 과거는 우리가 모두 경험해서 알고 있다.

특히 AR 기기가 VR 기기보다 더 중요하다고 여겨지는 이유는 외부에서 활동하면서 사용하기 편하기 때문이다. 현실이 차단되지 않고, 현실의 각종 정보를 편하게 얻고, 스마트폰처럼 소통을 돕는 보조 역할을 하면서 자연스레 일상에 스며들 수 있다.

빅테크 기업들 중 가장 화려하게 등장한 것은 단연 구글이었다. 하지만 2012년 구글이 처음 선보인 구글 글라스는 사생활 침

메타버스 3.0

해 논란과 익숙하지 않은 구동 방식 등의 이유로 출시 2년 만에 시장에서 자취를 감췄다. 그동안 구글은 B2C 소비자용을 포기하고, 산업용 모델에 올인했다. 2017년에 1세대 구글 글라스를, 2019년에는 2세대 구글 글라스를 내놨다.

이후 구글은 2020년 7월에 스마트 글라스 제조사인 노스North를 1억 8,000만 달러(약 2,160억 원)를 들여 인수하면서 AR 글라스 양산 의지를 드러냈다. 노스는 포컬스Focals라는 스마트 안경을 개발해 출시했는데, 안경테 부분이 다소 두꺼울 뿐, 일반 안경에 가장 근접한 제품으로 분류된다. 이 제품은 작은 LCD를 통해 안경 유리에 빛을 분사하고, 반사된 빛을 통해 사용자가 정보를 얻는 형태로 구동된다. 메시지나 이메일, 전화 등 핵심 기능을 사용할 수 있으며, 18시간이나 사용할 수 있다.

페이스북은 2021년 9월에 선글라스 업체 레이밴Ray-Ban과 협업해 일반 선글라스와 똑같은 크기의 스마트 글라스 레이밴 스토리를 출시했다. 이 제품은 AR VR 기능은 없지만, 사진과 동영상을 찍을 수 있다. 사진과 동영상은 페이스북과 인스타그램에 곧바로 올릴 수 있다. 완충 시 6시간 동안 배터리가 지속되고 가격도 299달러(약 35만 원)로 합리적이다. 페이스북 CEO 마크 저커버그는 "언젠가는 스마트 안경을 쓴 사람이 홀로그램으로 형상화한 친구를 옆에 두고 소파에 앉아 게임을 할 수 있을 것이다. 사람들은 스마트폰을 꺼낼 필요 없이 방향을 찾고 여러 가지 일을 할 수 있게 될 것"이라고 밝히기도 했다.

국내 대표 IT 기업인 삼성전자도 이 시장 경쟁에 뛰어든 상태다. 삼성전자의 최근 AR 글라스 콘셉트 영상이 유출됐다. 삼성전자의 영상에 등장하는 AR 글라스는 기존 선글라스와 비슷한 모양새에 약간 더 두꺼운 프레임이 장착됐다. AR 글라스로 게임을 하거나, 동영상을 큰 크기로 시청할 수 있고, 화상회의나 드론 제어에도 쓰인다. 특히 야외에서는 선글라스 모드를 이용해 일반 선글라스처럼 쓸 수 있게 될 것으로 보인다.

공개된 영상에서는 AR 글라스를 끼고 가상 키보드로 오피스 작업을 하는 모습이 소개됐다. 영상 속 게스트는 전신 홀로그램으로 등장하는 홀로 콜Holo Call AR 시뮬레이션 기능 등을 사용하고 있다. 삼성전자 측은 "삼성은 AR·VR 관련 기술 개발 연구를 지속하고 있으나, 구체적인 제품이나 서비스 등 출시 관련 내용은 확인해줄 수 없다"고 설명했다.

2025년까지 AR 기술이 만들어낼 수 있는 시장 규모는 800억 달러(약 94조 3,600억 원)로 추정된다. 이 중 하드웨어만 450억 달러(약 53조 원) 시장이다. 시장조사 업체 IDC는 기업들의 AR 관련 지출이 2020년에 188억 달러(약 22조 1,700억 원)였고, 오는 2023년까지 연평균 77%가 성장할 것으로 예상한다.

AR 글라스 시장을 주도하는 마이크로소프트

AR 글라스의 시대를 가장 앞서가는 회사는 바로 마이크로소프트다. 마이크로소프트는 미 국방부의 요청으로 미군 전용 특수 AR 헤드셋을 만들고 있다. 2021년 7월 미 국방부는 마이크로소프트가 향후 10년간 미 육군에 약 12만 개의 맞춤형 홀로렌즈 AR 헤드셋을 공급하는 계약 업체로 선정됐다고 발표했다. 이번 계약의 규모는 약 219억 달러(약 24조 7,000억 원)라고 알려졌다.

전 세계 1위 방산 기업 록히드마틴Lockheed Martin도 2017년부터 미국항공우주국NASA과 함께 달 착륙 임무를 수행할 유인 우주선 오리온 개발에 나서고 있는데, 홀로렌즈2 헤드셋으로 효율성을 높였다. 통상 우주선을 제작하는 데는 50만 개 이상의 부품을 결합해야 하고, 작업자들이 매뉴얼을 일일이 확인하며 반복적인 수작업을 해야 했다. 그런데 홀로렌즈를 이용한 뒤에는 8시간에 달했던 기존의 작업 시간이 50분으로 줄어들었다.

마이크로소프트의 AR 헤드셋은 현재 산업용 시장을 장악하고 있다. AR 시장 점유율이 90%가 넘는다. 2019년 11월에 출시한 헤드셋형 AR 글라스인 홀로렌즈2가 주인공이다. 홀로렌즈2는 현재 판매되는 AR 기기 중 가장 높은 완성도를 갖췄다는 평가를 받는다. 2016년에 출시한 전작과 달리 초경량 탄소섬유 소재로 제작해 무게를 줄였고, 안면부 무게중심을 뒤로 옮기며 착용감을 세 배

마이크로소프트의 홀로렌즈를 착용해 체험하고 있는 모습

높였다. 시야각도 두 배 더 넓혔다. 석유 업체인 쉐브론Chevron은 원격 지원, 매뉴얼 제작, 도면 공유 등 비대면 작업 환경에 홀로렌즈 2를 사용한다. 현장 직원이 기기를 착용한 채로 보고 있는 실시간 상황을 사무실에 앉아 있는 직원과 공유해 원격으로 디테일한 지시를 주고받을 수 있다.

홀로렌즈2는 기업의 원격 지원, 의료, 교육 등 기업용 시장을 노리고 개발된 제품이라 아직은 일반 소비자가 사용하기에는 다소 부담스럽다. 마이크로소프트는 2022년 하반기에 일반 소비자 대상의 AR 헤드셋 홀로렌즈도 출시한다.

마이크로소프트는 당분간 AR 글라스 시장 자체를 선도할 것으로 예상된다. 하드웨어도 90%를 점유하고 있는데, 소프트웨어도 이에 못지않게 발전

시키고 있기 때문이다. 마이크로소프트 메타버스 소프트웨어의 시작은 업무 플랫폼 팀즈Teams였다. 회사 측은 2020년 코로나19를 겪으며 화상회의 등 디지털화된 업무를 진행할 수 있도록 하는 자사의 협업 툴 팀즈를 띄웠다. 반강제적으로 재택근무와 원격 교육 등을 진행하는 곳이 늘어나면서 팀즈 이용률은 급격하게 늘었다. 마이크로소프트는 2020년 10월에 발표한 3분기 실적 발표에서 팀즈의 일일 활성 이용자 수가 1억 명 이상이라고 밝혔다. 반년 전인 2020년 4월, 코로나19 위기가 확산될 무렵의 이용자 수였던 7,500만 명에 비해 53%나 증가한 수치였다.

대다수의 팀즈 이용자가 기업 회원으로 구성된 B2B 모델이었다는 점에서 더 고무적인 일로 보인다. 오피스 365 가입자는 팀즈를 무료로 사용할 수 있었기 때문에 더욱 시너지 효과를 냈다는 평가를 받았다. 다른 협업 툴은 화상회의 등 특정 기능을 부각하면서 화상회의 솔루션으로 어필했지만, 팀즈는 회사들이 저마다 갖추고 있던 자체 프로그램과 팀즈 솔루션을 연결할 수 있다고 소개하며 화상회의를 포함한 종합 협업 툴임을 어필했다.

2020년 7월에 공개한 팀즈의 투게더 모드Together Mode는 얼굴을 대면하는 피로감을 줄이기 위해 회의 참가자가 가상공간에 배치돼 있는 듯한 느낌을 주도록 만들었다. 투게더 모드는 뇌 활동을 측정하는 바이오센서 연구 기반으로 만들어졌고, 끄덕거림과 같은 비언어적 행동을 인식할 수 있다. 이때 이미 메타버스 회의라는 개념을 도입해본 것이라고 추측할 수 있다.

　화상회의 팀즈를 잘 활용하고 있던 2021년 3월, 마이크로소프트는 3D 디지털 협업 플랫폼 MS 메시Mesh를 공개했다. MS 메시는 AR·VR 기기를 활용해 물리적 공감감과 몰입감을 높여주는 플랫폼이다. 마이크로소프트의 AR 글라스인 홀로렌즈2를 활용해 메시를 구동하면 물리적으로 다른 지역에 있는 사용자들이 같은 방 안에 있는 것처럼 느낄 수 있게 해준다.

　홀로렌즈2 기기를 착용한 사용자들은 심도 카메라로 자신을 촬영해, 나의 모습을 띤 디지털 아바타로 한 공간에서 만나 대화를 나누거나 회의를 할 수 있도록 했다. 현장 근무자와 재택근무 중인 직원 간에 소통을 할 수 있고, 멀리 떨어진 사람과도 상호작용할 수 있다. 거리를 극복하게 되면 할 수 있는 일이 많아진다. 서로 한자리에 모이기 위해 들이는 에너지를 확 줄일 수 있으니 생산성이 높아지는 것은 당연하다. 단, 정말로 옆에 있는 것처럼 마이크로소프트의 메타버스 기술력이 발달돼야 하는 것은 풀어야 할 숙제다.

업무용 메타버스 시장 여는 마이크로소프트

2021년 11월, 마이크로소프트가 3D 협업 플랫폼 메시를 화

　메타버스 3.0

상회의 솔루션 팀즈에 접목한다고 발표했다. 화상회의 솔루션으로 핵심 기업 고객을 확보한 뒤에, 회사가 오래전부터 준비해왔던 AR 글라스 기반 디지털 플랫폼을 만든 것이다. 그리고 두 가지를 묶어 업무용 메타버스 시장을 석권하겠다고 나섰다.

마이크로소프트는 화상 행사인 이그나이트Ignite 2021에서 메타버스 화상회의 솔루션 팀즈용 메시를 포함해 메타버스를 위한 클라우드 솔루션을 선보였다. 팀즈용 메시를 이용하면 별도 장비 없이 어떤 기기에서든 개인 아바타로 가상 세계에 접속해 원격 회의를 진행할 수 있다. 회의용 아바타는 인공지능 기술을 접목해 사용자 움직임과 제스처 등을 표현할 수 있도록 구현됐다.

말 그대로 마이크로소프트의 본격적인 메타버스 진출이다. 마이크로소프트 CEO 사티아 나델라Satya Nadella는 "모든 조직은 디지털과 물리적 공간을 통합하는 새로운 디지털 협업 구조를 필요로 한다"며 "앞으로 모든 비즈니스 프로세스는 데이터와 AI를 통해 협업하고 디지털과 물리적 세계를 연결하게 될 것"이라고 밝혔다. 코로나19로 촉발된 업무 혁명 트렌드를 마이크로소프트가 선도하겠다고 선언한 것이다.

원래 마이크로소프트는 윈도와 오피스 365 프로그램 등 업무 생산성을 높이는 사업을 중심으로 회사를 키워왔다. 게다가 2021년 1분기 기준 글로벌 클라우드 시장 점유율은 마이크로소프트가 19%로 2위를 차지해, 1위인 AWS(32%)를 바짝 뒤쫓고 있다. 전 세계 기업과 기관의 클라우드 점유율을 높여온다는 것 자체로 메타버스 범용 플랫폼을 만들 수 있는 기초 체력을 키우고 있다는 얘기다.

마이크로소프트 애저Azure 오픈 AI 서비스도 클라우드를 기초로 한 범용 플랫폼의 선언과 다름없다. 이 오픈 AI 서비스는 개발자라면 누구나 쉽고 편하게 GPT-3으로 불리는 인공지능을 활용할 수 있도록 한다. GPT-3은 수백억 개의 매우 광범위한 인간 언어 데이터를 학습한 인공지능 엔진인데, 더 많은 기관이 인공지능을 편하게 쓰게 하려는 의도다. 플랫폼 개방성에 기반한 범용 메타버스를 만들려는 계획의 시작으로 관측된다. **마이크로소프트가 바라는 메타버스 플랫폼은 모든 기업이 들어와서 함께 만들어가는 공간이다. 페이스북과 마찬가지로 범용 플랫폼을 만들어야만 새로운 시대를 열 수 있다는 동일한 인식이 있다.** 뒤에서 살펴볼 폐쇄적 플랫폼의 대표 주자 애플과는 비교되는 지점이다. '페이스북과 마이크로소프트 vs 애플'의 구도로 메타버스 시대를 비교해가면 흥미롭게 읽히는 부분이 많을 것이다.

뷰티 업계에서 마케팅으로 활용하는 AR

미국 전자상거래 기업 아마존은 영국 런던에 AR 기술을 접목한 아마존 살롱을 열었다. 이곳에서는 AR 기술로 머리를 어떤 색으로 염색할지 선택할 수 있다. 자신에게 어울리는 색을 염색하기 전에 미리 확인할 수 있도록 했다. 또 아마존에서 판매 중인 헤어 드라이어 등 헤어 제품을 아마존 살롱에 진열해두고, 제품을 선택하면 곧바로 제품의 사용법이 안내되도록 했다. 진열대에 놓인 제품의 QR 코드를 스캔하면 아마존 홈페이지에서 곧바로 물건을 구매할 수도 있다.

실제로 판매되는 색조 화장품을 손쉽게 체험할 수 있는 뷰티 서비스도 나왔다. 티커Ticker는 AR 기술을 활용해 자신의 휴대폰에서 가상의 제품이 아닌 실제 제품을 경험할 수 있도록 했다. 시중에 파는 화장품을 간편하게 발라보고 비교 선택할 수 있는 것이다. 여기서 한발 더 나아가 메이크업 혹은 성형이 적용된 화면 그대로 송출되는 영상통화도 지원한다. 재택근무를 할 때 몇 분 남짓의 화상회의를 위해 굳이 화장을 하는 것이 번거로운 이들이나, 이미 메이크업을 지운 상태에서 전화를 받아야 하는 경우 활용도가 높다.

애플과 구글이 꿈꾸는
메타버스의 미래

2007년 6월, 전 세계를 송두리째 뒤바꾼 제2의 혁명이 있었다. 그 혁명의 시작은 스티브 잡스의 연설이었다. "오늘 세 가지 혁명적인 신제품을 소개합니다. 첫 번째는 터치로 컨트롤하는 와이드 스크린 아이팟, 두 번째는 혁명적인 휴대전화, 세 번째는 획기적인 인터넷 커뮤니케이션 장치입니다." 그리고 잡스는 덧붙였다. "아이팟, 휴대전화, 인터넷 휴대장치 이 세 가지는 각각 별개의 제품이 아니라 하나의 장치입니다. 우리는 이것을 아이폰이라고 부릅니다."

인터넷 서핑과 휴대전화가 모두 되는 손안의 컴퓨터는 전 세계 사람들의 생활을 완벽히 바꿔놨다. 모두가 각자 손바닥만 한 컴퓨터를 들고 하루를 보낸다. 혼자 오롯이 성장한 것은 아니다. 구글이라는 핵심 경쟁자가 있었다. 구글이라는 경쟁자는 삼성전자의 손을 잡고 자신의 역량을 펼쳤다.

그로부터 14년이 지났다. 이들 기업이 양분한 모바일의 시대에

메타버스 3.0

© 플리커
세계를 모바일 혁명으로 이끌고 스마트폰의 시대를 주도한 스티브 잡스

새로운 물결이 인다. 메타버스다. 지금부터는 거대한 흐름을 느껴 볼 것이다. 누가 메타버스의 최종 승자가 될지는 아무도 모른다. 하지만 미국 중심의 빅테크 기업이 압도할 것은 자명하다. 미국의 빅테크 기업 중심으로 흘러가고 있는 판을 엎어보기 위한 나머지 기업들의 합종연횡이 펼쳐질 것이다.

애플과 구글도 고민이 깊다. 페이스북이나 마이크로소프트가 주도하는 메타버스 세계가 갑자기 도래해서 단숨에 모바일 시대의 헤게모니를 빼앗길지 모른다는 두려움이 있다. 그러나 상대적으로 어떤 기업보다 유리한 위치에 있다. 결국 새로운 물결이 일기 위해서는 일상을 파고들 기기가 있어야 하고, 그 기기를 지탱

할 소프트웨어가 있어야 한다. 한 시대를 풍미했던 경험이 있다는 점이 가장 유리한 지점이다. **하드웨어와 소프트웨어가 갖춰지지 않으면 물줄기가 흐를 수 없다. 사람들의 일상에 침투하기 위해서는 물건으로 침투돼야 한다.**

모바일 시대 정상에 자리잡은 애플

애플과 구글의 모바일 우위는 메타버스 세계로 이어질 수 있을까? 결론부터 말하면 애플과 구글이 손대면 송두리째 바뀔 수 있다. 전 세계인이 쓰는 플랫폼을 지녔기 때문이다. 특히 애플이 기기를 만들어 파는 순간부터 급격하게 메타버스라는 단어가 일상의 용어로 변할 수 있다. 폐쇄적인 플랫폼임에도 하드웨어와 소프트웨어를 모두 석권 중인 전 세계 시가총액 최상위권 회사가 메타버스 사업을 하면 뭐가 달라도 다를 것이라는 얘기다.

애플과 구글의 최대 장점은 iOS와 안드로이드라는 각자의 서비스 사용자에 기반해 이미 전 세계를 아우르는 플랫폼을 완성해놨다는 것이다. 애플의 iOS 기반의 아이폰 누적 판매 수는 2021년 9월 기준 20억 대를 넘어섰고, 구글의 안드로이드가 활성화된 디바이스 수도 30억 대가 넘는다. 전 세계에 퍼져 있는 각각의 활성 이용자에 기반해 메타버스 사업을 순식간에 펼칠 수 있다는 것

메타버스 3.0

이다.

특히 애플은 하드웨어와 소프트웨어 둘 다 잘하는 회사로 거듭나고 있다. 애플은 기본적으로 스마트폰, 아이패드, 맥북 등 하드웨어가 더 많이 팔릴수록 이윤을 남기는 회사다. 하지만 2020년에 아이폰12 시리즈를 내놓기 진에는 스마트폰 하드웨어는 더 이상 이익을 많이 낼 수 있는 분야가 아니었다. 아이폰 출하량은 2015년부터 계속 정체됐고, 2016년부터는 스마트폰 산업 자체가 안정기에 접어들었다는 평가가 많았다. 신형 스마트폰을 한번 구입하고 나면 몇 년은 그대로 써도 성능에 문제가 없는 경우가 많기 때문에 스마트폰 수요 자체가 줄었다. 실제로 2015년에 아이폰 판매가 전체 매출의 66%를 차지했지만, 2020년 1분기 기준으로는 절반 이하인 49%까지 줄어들었다.

이를 만회하기 위해서 애플은 소프트웨어 회사로 거듭나기 위해 노력했다. 그 결과 앱스토어 등 소프트웨어에서 벌어들이는 매출이 2015년에 8.5%에서 2020년에 22%대까지 올라섰다. 애플뮤직과 애플TV+, 애플 피트니스+ 등 서비스는 매년 16%씩 성장하고 있다. 서비스 구독자는 2020년 말까지 6억 2,000만 명으로 확장되며 서비스 매출액도 2020년 4분기에 전년 동기 대비 24% 증가했다.

소프트웨어 회사로 변모하는 방법은 아이러니하게도 하드웨어를 하나라도 더 파는 것이다. 애플은 그래서 아이폰을 포함해 애플워치, 에어팟 등 생활에 밀접한 하드웨어 제품을 하나라도 더 팔기 위해 노력한다. 어떤 하드웨어 하나라도 더 팔게 되면, 더 많은 소비자를 자신의 플랫폼 안으로 끌어들일 수 있다. 아이폰SE를 아이폰SE2로 업그레이드해 저렴하게 내놓은 것도, 고성능이지만 사이즈가 작은 아이폰12 미니를 출시한 것도 다양한 고객 니즈를 반영해 애플 생태계로 손잡고 들어가기 위한 일종의 미끼 상품이라고 할 수 있다.

소프트웨어 회사가 되고 싶었던 애플은 아이폰12와 아이폰13의 흥행에 힘입어 하드웨어 회사였던 명성을 다시 공고히 했다. 현재 전 세계에 깔려 있는 애플 아이폰은 2021년 9월 기준 20억 대가 넘는다. 실제로 애플의 충성 고객들로 인해 폐쇄성을 띤 운영체제인 iOS의 글로벌 점유율은 10% 수준이지만, 매출 기준 점유율은 60%에 달한다.

이처럼 하드웨어와 소프트웨어를 모두 성공시킨 현재진행형 회사는 여전히 전 세계에서 애플밖에 없다. 한번 애플 생태계에 발을 딛고 나면 어지간해서는 빠져나올 수 없고, 소프트웨어 서비스에 록인되다 보면 다시 애플 신형 하드웨어를 구매하면서 하드웨어 경쟁력이 또다시 강화되는 식이다.

애플의 등판으로 달라질 스마트 글라스 시장

충성 고객들이 버티고 있는 애플이기 때문에 사실 메타버스 디바이스를 만드는 것도 서두를 필요가 없었다. 아이폰과 에어팟, 애플워치처럼 완성도 높은 제품을 내놓으며 새로운 시장을 개척하면 된다. 애플이 언제 기기를 내놓아도 애플 것만 이용하려는 사람들에게 어필할 수 있기 때문이다. 2022년에 공개되는 애플의 첫 스마트 글라스는 스포츠 고글 형태가 될 전망이다. AR과 VR 세계를 동시에 경험할 수 있도록 하기 위해서 고글을 선택했다는 관측이다.

특히 애플의 스마트 글라스는 아이폰과 연동하는 것을 기반으로 개발되고 있는 것으로 알려졌다. VR 헤드셋이 독립적으로 작동되는 페이스북의 오큘러스 퀘스트 시리즈와 달리, 애플의 스마트 글라스는 아이폰과의 연동이 필수라는 것이다. 애플과 페이스북의 관전 포인트가 바로 이 지점에서 나온다. 페이스북은 범용의 플랫폼을 추진하며 VR 기기인 오큘러스 퀘스트 가격을 현저히 떨어뜨릴 수 있는 대신, 애플은 아이폰과 연동되는 스마트 글라스를 기반으로 폐쇄적으로 닫힌 플랫폼을 고수할 가능성이 크다.

애플이 내놓을 스마트 글라스는 단순한 메타버스 기기가 아니라 애플의 디지털 기술의 총합이 될 것이라는 전망이다. 애플이 자체 개발한 반도체인 M1 프로세서, 라이다 기술이 포함된 12개의 카메라 센서, 8K 디스플레이, 시선 추적 기능 등 애플의 모든 기술을 총망라할 것이라는 관측이다. 리얼타임 OS를 통해 제어될 것이라는 얘기도 나온다. 리얼타임 OS는 가상공간 터치와 음성인식, 제스처 등을 통해 조작을 가능하게 한다. 허공에 대고 손을 흔들면 애플의 스마트 글라스가 곧바로 이를 인식하고 작동되는 식이다.

구글의 메타버스 승부수는 홀로그램

안드로이드 생태계에 웨어러블 기기를 퍼트리기 위한 노력은 구글도 꾸준히 펼쳐왔다. 최근 진행한 삼성전자와 구글의 스마트워치 OS 통합도 웨어러블 기기를 한 대라도 더 뿌려서 안드로이드 생태계를 전 세계로 확장하기 위함이다. 삼성과 핏빗 등 안드로이드 진영의 주요 웨어러블 업체들은 그간 자체 OS(타이젠, 핏빗 OS, 가민 OS)를 개발하고 탑재해왔는데 저마다 점유율을 높이는 데 어려움을 겪었다. 구글의 웨어 OS도 3% 점유율에 그치며 그동안 성공을 거두지 못했다. 애플의 iOS에 비해 안드로이드 진영은 서로 통합되지 못하고 흩뿌려져 있었던 셈이다.

때문에 스마트워치 시장에서 새로운 모멘텀을 만들기 위해서라도 삼성과 구글의 동맹은 필수적이었다. 2021년 2분기 기준 스마트워치 OS로 보면 애플워치 OS(33.5%), 타이젠(8.0%), 화웨이 라이트 OS(6.7%) 순이고, 구글의 웨어 OS는 3.9%에 불과하다. 하지만 삼성과 구글이 손잡고, 향후 구글이 인수한 핏빗 OS(3.7%)까지 더해지면 연합 OS는 15.7%까지 점유율이 올라선다. 애플을 따라잡기는 어렵지만, 애플 설반 수준의 점유율까지 따라가는 것이다.

구글은 메타버스를 위한 기기도 꾸준히 개발해왔다. 구글은 2012년에 출시한 첫 AR 글라스가 실패로 끝난 뒤, 2017년과 2019년에 내놓은 AR 글라스를 산업용으로 발전시켜왔다. 하지만 구글은 스마트 글라스라는 3D 글라스를 이용하지 않고도 멀리 있는 사람과 곧바로 연결될 수 있는 미래를 그렸다. 사람들은 서로 공유하고, 협업하고, 연결을 위해 함께 있는 것을 좋아한다는 대명제에서 화상회의나 아바타로 사람을 만나는 것보다 더 실재적인 생생함을 느낄 수 있는 방법을 고민했다.

2021년 5월 구글 개발자 행사에서 순다르 피차이Sundar Pichai 구글 CEO는 "현재 우리 내부적으로만 사용하고 있지만 매우 기대되는 제품"이라고 밝힌 프로젝트가 있다. 스타라인Starline 프로젝트다. 이 프로젝트는 구글이 그리는 메타버스 시대의 연결의 의미를 확인시켰다. 스타라인은 손으로 만져질 듯 생생한 3D 영상 채팅을 가능하게 하는 기술이다. 구글이 공개한 영상 속 이용자는 창문처럼 보이는 곳에 앉아 실물 크기로 3차원 영상의 다른 사람과 자연스럽게 얘기하고 눈을 마주친다.

구글이 공개한 홀로그램 서비스 스타라인을 체험하는 이용자

라이트 필드 디스플레이 시스템이라는 하드웨어 기술에 컴퓨터 비전과 머신 러닝, 공간 음향, 실시간 압축 등 소프트웨어 기술을 총망라했다. 마치 내 앞에 누군가가 바로 앉아 얘기하는 것처럼 채팅 중인 사람의 3D 이미지를 만들어내는 것이다. 먼저 상대방 이미지를 카메라로 촬영한 뒤 고해상도 카메라가 촬영한 이미지와 깊이 센서가 촬영한 레이아웃을 합쳐 3D 화상 이미지를 만든다. 이후 이를 실시간으로 100배 압축해서 전송해 멀리 있는 디스플레이에 구현하는 형태다.

단, 스타라인을 구현하기 위해서는 특수 맞춤형 장비가 필요하다. 현재 이 서비스는 구글 사무실에서만 사용할 수 있다. 스타라인 한 대를 구매하려면 수만 달러 이상의 비용도 필요하다. 현재 구글은 초기 피드백을 받기 위해 헬스 케어·미디어 파트너와 함께 서비스를 시연 중이고, 2022년에는 비즈니스 공간에서 시험 배포할 수 있을 것으로 관측하고 있다.

앞서 구글은 이 기술의 가격 경쟁력을 높이기 위해 라이트필드 기술을 확보한 리트로Lytro 회사를 인수하기도 했다. **스타라인 기술이 고도화되면 스마트 글라스를 착용할 때 느끼게 되는 어지럼증과 피로감 등의 문제를 해결할 수 있다는 게 구글의 설명이다.** 이용자를 다양한 위치에서 볼 수 있는 장점도 있다. 하지만 고난도 기술을 작동시키기 위해서는 대용량의 데이터 처리와 함께 안정적인 연결을 가능하게 하는 네트워크 환경도 요구된다. 상용화까지는 아직 갈 길이 멀다.

메타버스 3.0 시대를
열고 있는 플랫폼

메타버스 시대를 열고 있는 플랫폼은 많지만, 모두 알아야 하는 것은 아니다. 우리가 꼭 알아야 할 플랫폼들만 짚어보자. 여기서 소개하는 플랫폼 외에 앞 장에서 소개했던 〈로블록스〉와 〈제페토〉는 필수적으로 알아야 하는 플랫폼이다.

• 〈포트나이트〉

미국에서는 〈로블록스〉만큼 인기 있는 플랫폼이 〈포트나이트〉다. 에픽게임즈Epic Games는 2017년에 〈포트나이트〉를 출시했다. 크래프톤의 〈플레이어언노운스: 배틀그라운드〉처럼 〈포트나이트〉는 처음 배틀로얄 장르의 슈팅 게임으로 시작했다.

하지만 북미와 유럽 등 서구권 이용자들이 커뮤니티 공간을 요구했고, 2020년에 이용자끼리 소통할 수 있는 커뮤니케이션 공간인 파티로얄 모드를 만들었다. 파티로얄은 이용자 다수가 함께 접

〈포트나이트〉 안의 파티로얄 공간에서 콘서트를 연 미국 힙합 가수 트래비스 스콧

속해 어울려 놀 수 있도록 한 공간이다. 최초에는 이용자들끼리 소통하는 게 주목적이었지만, 이후 콘서트나 영화를 감상할 수 있는 미디어 공간으로 바뀌어갔다. 파티로얄의 인기로 사람들이 모여들었고 현재 〈포트나이트〉 계정 수는 2021년 1분기 기준 3억 5,000만 개를 넘어섰다.

2020년 4월 미국의 힙합 가수 트래비스 스콧Travis Scott이 〈포트나이트〉 안의 파티로얄 공간에서 콘서트를 열었고, 2,270만 명의 이용자가 참여해 관람했다. 한 회 공연의 최대 동시 접속자는 1,230만 명에 달했다. 가상 공연의 매출만 2,000만 달러(약 226억 원)였는데, 가상 공연은 이후 오프라인 세계에서의 매출로까지 이어졌다. 실제 현실 세계에서의 음원 이용률도 25%나 상승했다. 공연에 등장한 신곡 〈더 스코츠The Scotts〉는 단숨에 빌보드 핫100 차트 1위를 차지하면서 가상공간에서의 인기가 현실과 맞닿아 있음을 증명했다.

미국 팝스타 아리아나 그란데Ariana Grande도 2021년 8월에 〈포트나이트〉서 투어 공연을 열었다. 〈포트나이트〉 이용자라면 무료로 관람할 수 있었던 이 공연은 사흘 동안 총 다섯 차례에 걸쳐 진행됐고, 매회 수백만 명이 공연을 즐겨 트래비스 스콧의 매출을 뛰어넘었다는 얘기도 나왔다.

방탄소년단도 〈다이너마이트〉의 안무 버전 뮤직비디오를 파티로얄에서 처음 공개했고, 미국 크리스토퍼 놀란Christopher Nolan 감독의 영화 〈테넷Tenet〉도 파티로얄을 통해 티저 영상을 선보였다. 파티로얄이 미디어 공간으로 변모하자, 에픽게임즈는 〈포트나이트〉를 기반으로 한 영화 제작도 기획 중이다. 에픽게임즈는 스타워즈Star Wars 시리즈와 인디아나 존스Indiana Jones 시리즈의 제작을 맡은 루카스필름Lucasfilm의 전직 근무자 세 명을 영입해 〈포트나이트〉의 영화화를 논의 중인 것으로 알려졌다.

• 〈마인크래프트〉

2014년 마이크로소프트는 〈마인크래프트〉를 제작한 스웨덴 게임사 모장Mojang을 25억 달러(약 2조 7,000억 원)에 인수했다. 2009년에 처음으로 대중에 공개된 〈마인크래프트〉는 마이크로소프트의 전폭적인 지원으로 2020년 말 기준 전 세계에서 2억 장이 팔렸다.

메타버스 3.0

역대 전 세계에서 가장 많이 팔린 비디오게임에 등극한 것이다. 월간 활성 이용자 수는 1억 4,000만 명에 달한다.

레고 형태의 아바타로 초통령 게임으로 불리며 초등학생들에게 인기를 끄는 〈마인크래프트〉는 블록을 가지고 가상의 세계를 만든다. 〈마인크래프트〉야말로 게임에 특별한 목적이 없는 샌드박스형 오픈월드 게임이다. 이용자는 블록을 쌓아올리며 각종 건축물, 지형, 조형물을 만들 수 있다.

특히 마이크로소프트는 2017년에 마인크래프트 마켓플레이스라는 게임 안의 콘텐츠 거래 플랫폼을 선보였다. 〈마인크래프트〉 이용자들은 해당 플랫폼을 통해 〈마인크래프트〉 안에서 이용할 수 있는 리소스 팩(〈마인크래프트〉의 아이템, 블록의 텍스처, 소리 등을 바꿀 수 있는 시스템), 스킨 등의 창작물을 다른 이용자와 거래할 수 있다. 마켓플레이스에서 2017년부터 2021년 초까지 거래된 콘텐츠 개수는 누적 10억 개가 넘었다. 나델라 마이크로소프트 CEO는 〈마인크래프트〉가 크리에이터 경제를 주도하고 있고, 이용자를 꾸준히 늘려왔다고 강조했다. 나델라는 "해당 게임은 크리에이터 시스템으로 약 1억 4,000만 명의 월간 활성 사용자 수를 보유하고 있고, 매년 30%의 증가세를 기록하고 있다"고 설명했다.

국내에서도 〈마인크래프트〉를 활용한 1세대 크리에이터들이 활발하게 활동하면서 초등학생이 가장 좋아하는 게임으로 자리매김했다. 유튜브 채널 〈도티 TV〉를 운영 중인 도티는 〈마인크래프

2020년 말 기준 전 세계서 가장 많이 팔린 비디오게임 〈마인크래프트〉
© 마인크래프트

트〉로 국내 게임 채널 최초 구독자 수 250만 명을 기록했다. 도티
는 〈마인크래프트〉 내에서 미니 게임을 만들고, 이를 다른 이들과
함께 플레이하는 영상을 올리며 초등학생들의 롤 모델로 떠올랐
다. 2017년에는 초등학생이 닮고 싶은 인물 투표에서 도티가 이순
신 장군을 이기기도 했다. 도티는 이후 〈마인크래프트〉의 게임 방
식인 샌드박스 형태에서 영감을 얻고 샌드박스 네트워크라는 이
름의 MCN(다중 채널 네트워크) 회사를 창업했다. 크리에이터가 원
하는 콘텐츠를 자유롭고 즐겁게 창작할 수 있는 공간을 만들고 싶
다는 철학을 담았다.

2020년 청와대는 코로나19로 비대면 사회가 가속화되는 상황
에서, 〈마인크래프트〉를 이용해 어린이날 행사를 기획하기도 했

다. 청와대는 샌드박스 네트워크에 용역을 맡겨 어린이날 기념 영상을 만들었다. 〈마인크래프트〉로 만나는 청와대 유튜브 영상은 100만 회 가까이 되는 조회수를 기록했다. 〈마인크래프트〉에 청와대가 만들어졌고, 영상에서 문재인 대통령 내외가 캐릭터로 등장했다. 청와대는 청와대 마인크래프트 맵을 공개하기도 했다.

청와대의 어린이날 행사 이후 각 지방자치단체도 〈마인크래프트〉를 활용한 대중 소통에 나섰다. 인천크래프트, 만금이크래프트, 전주 문화재야행 등 이벤트는 인천의 랜드마크, 새만금 방조제, 전주의 유적 건조물 등을 콘셉트로 마인크래프트 건축물을 만들었는데, 저마다 호평을 받은 이벤트였다.

● 〈모여봐요! 동물의 숲〉

2020년 3월 닌텐도 스위치 독점적으로 출시된 〈모여봐요! 동물의 숲〉은 출시 직후 500만 장을 판매하며 월 매출 100억 달러(약 11조 6,900억 원)를 넘어섰다. 월간 콘솔 게임 판매량에서 세계 기록을 세웠다. 특별한 목적 없이 열대 섬을 무대로 물고기를 낚고, 곤충을 채집하고, 섬에 이사 온 동물 주민과 소통하는 느긋한 생활을 다룬다. 섬을 개조하거나 꾸미는 등 자유도가 높다. 자연 속에서 힐링을 제공하는 콘셉트인 이 게임은 코로나19로 지친 전 세계 사람들의 휴식처로 지칭되며 인기를 끌었다. 심지어 닌텐도 스위치 〈모여봐요! 동물의 숲〉 에디션은 "마스크보다 귀하다"는 말

닌텐도 스위치 전용 시뮬레이션 게임 〈모여봐요! 동물의 숲〉

을 유행시켰고, 한국에서도 품귀 현상을 빚었다.

YG엔터테인먼트는 2021년 8월 블랙핑크 데뷔 5주년을 맞아 〈모여봐요! 동물의 숲〉에 자체 섬인 '인 유어 에어리어In Your Area'를 열기도 했다. 블랙핑크 섬에는 온라인 콘서트 '더 쇼' 공연장과 〈킬 디스 러브〉, 〈아이스크림〉 등 히트곡을 담은 뮤직비디오 세트장과 YG엔터테인먼트 신사옥 안의 녹음실 및 댄스 연습실까지 구현됐다.

롯데하이마트는 가전 유통 업계 최초로 〈모여봐요! 동물의 숲〉에 자체 브랜드인 '하이메이드섬'을 열기도 했다. 하이메이드섬에 브랜드 포토 존인 하이메이드 폭포를 중심으로 PR 존, 마을회관, 카페 등 공간을 마련했다. 특히 PR 존에는 브랜드 강화를 위해 세

분화한 네 가지 하위 브랜드별 인기 상품을 둘러볼 수 있게 꾸몄다.

LG전자도 자사 TV를 홍보하는 공간으로 〈모여봐요! 동물의 숲〉을 활용하고 있다. LG전자의 섬인 '올레드섬'을 방문한 게이머들은 섬 안에 숨겨진 TV를 찾는 과정에서 자연스럽게 섬 곳곳에 배치된 LG 올레드 TV를 접할 수 있다.

선거 활동도 이뤄졌다. 미국 대통령 선거운동 기간 중 조 바이든 선거 캠프에서 선거운동용으로 활용한 것이다. 당시 바이든의 선거 캠프 측은 "〈모여봐요! 동물의 숲〉은 다이내믹하고 다양성을 갖추고 있으며, 전 세계의 다양한 커뮤니티를 한데 어우를 수 있는 강력한 플랫폼"이라고 설명한 바 있다.

• 〈이프랜드〉

〈이프랜드〉는 2021년 7월 출시된 SK텔레콤의 메타버스 플랫폼이다. 〈이프랜드〉에 '누구든 되고 싶고, 하고 싶고, 만나고 싶고, 가고 싶은 수많은 가능성(If)들이 현실이 되는 공간(Land)'이라는 의미를 담았다. 아바타를 통해 주로 모임, 회의, 행사 등 소통에 방점을 둔 소셜형 플랫폼이다. 방 안에서는 음성 기반 실시간 소통을 비롯해 대형 스크린을 통해 PPT 자료나 영상을 틀 수 있다. 더구나 800여 종의 아바타 의상과 18종의 다양한 룸(공간) 테마를 기반으로 130여 명이 같은 공간에서 모일 수 있다. 즉, 화상회의나 콘퍼런스를 열 수 있는 최적화된 인프라 환경이다.

삼성전자는 〈이프랜드〉에서 갤럭시Z 폴드3·플립3 출시 기념 삼성 갤럭시 팬 파티 '폴더블데이'를 개최했다. 〈이프랜드〉 안에 42개의 가상의 파티 방이 만들어졌고, 1,400여 명이 아바타로 참석해 파티를 즐겼다.

SK텔레콤은 〈이프랜드〉를 장기적으로 〈로블록스〉나 〈제페토〉로 만들기 위한 노력을 기울일 계획이다. 사용자가 〈이프랜드〉 안에서 아이템, 의상 등을 제작해 판매할 수 있는 마켓 시스템을 선보이고, 〈이프랜드〉에서 통용되는 전용 화폐도 검토 중이다.

〈이프랜드〉에서 즐길 콘텐츠도 확대하는데, K팝 팬미팅을 〈이프랜드〉 안에서 여는 것이 예다. 소녀시대 태연의 뮤직비디오를 감상하고 아이돌 그룹 저스트비 멤버가 아바타로 팬과 소통하는 시간을 만드는 것이다.

〈이프랜드〉 속 인플루언서 그룹인 이프루언스도 육성한다. 모임을 개설하거나 운영하고 다른 모임에 놀러 가며 〈이프랜드〉를 키워가는 그룹이다. 〈로블록스〉처럼 범용성을 높이기 위해 VR 기기 오큘러스 퀘스트용 〈이프랜드〉도 선보인다.

〈이프랜드〉를 배경으로 만든 웹드라마도 내놨다. 〈제페토〉가 만들어가는 그림을 빠르게 모방하면서 성장을 도모하는 것이다.

웹드라마 방식으로 제작되는 〈만약의 땅〉이라는 제목의 드라마는 이용자 누구나 아바타로 참여할 수 있도록 한 개방형 제작 방식을 택했다. 아바타의 겉모습을 쉽게 바꿀 수 있다는 점에서

메타버스 3.0

© 이프랜드

삼성 갤럭시 팬 파티 행사를 연 SK텔레콤의 메타버스 서비스, 〈이프랜드〉

착안해 '만약 내 남자친구의 외모가 매일 바뀐다면?'이라는 설정을 전제로 한 로맨틱 코미디물이다.

출연 배우와 드라마 배경 모두 〈이프랜드〉 안의 아바타와 테마 공간을 활용해 제작됐다. 드라마를 연출하는 PD 등 스태프도 〈이프랜드〉 속 촬영장에 아바타로 입장해 제작에 참여한다.

주인공 배역인 최샬럿 등 주요 배역에는 실제 웹드라마에서 연기 활동을 펼치는 연기자를 캐스팅했다. 이들이 직접 아바타를 통해 연기를 하는 방식이다. 대신 조연이나 단역은 〈이프랜드〉 일반 이용자들을 대상으로 직접 오디션을 시행해 캐스팅한다. 전진수 SK텔레콤 메타버스 CO(컴퍼니)장은 "만약의 땅은 〈이프랜드〉 사용자들이 단순 시청자에서 벗어나 여러 부캐로 드라마 기획에도 동참하고, 주연, 조연, 단역 등 연기자로도 참여해 의미가 있다. 다양한 부캐로 일상에 새로운 재미를 더하고, 참여형 메타버스 드라마 제작의 지평도 확대해나가겠다"고 밝혔다.

전 CO장이 말한 것처럼 〈이프랜드〉가 굳이 드라마까지 만드는 목적은 단 하나다. 재미다. **현실에서는 못 하지만, 가상 세계에서는 할 수 있는 것이 바로 메타버스의 본질인 것이다.**

정부와
민간이 바뀐다

메타버스 인프라 확대
선언한 정부

〰️

　미국 국방부와 마이크로소프트는 2021년 4월에 10년짜리 계약을 체결했다. 계약 규모는 무려 219억 달러(약 24조 7,000억 원)에 달한다. 마이크로소프트가 미국 국방부에게 납품하기로 한 물건은 무엇일까? 마이크로소프트는 미군 전용 특수 AR 헤드셋 12만 개를 공급하기로 했다. 미국 국방부는 향후 10년간 미 육군에 통합 비주얼 증강 시스템IVAS AR 헤드셋 보급을 완료할 계획이다. IVAS는 전투, 모의 전투, 훈련 등에 활용할 수 있도록 하는 시스템이다. 홀로렌즈 AR 헤드셋을 통해 지휘관은 전술 데이터와 목표물을 현장의 병사들에게 공유하게 해주고, 야간 투시 기능 등을 제공한다. 기존의 야간 온도계와 군사 센서 등이 마이크로소프트의 AR 헤드셋 디스플레이에 적용될 예정이다. 마이크로소프트의 AR 헤드셋은 마이크로소프트의 클라우드 서비스인 애저를 통해 데이터를 처리한다.

마이크로소프트의 홀로렌즈 AR 헤드셋을 이용해 작전 능력을 고도화하는 미국 국방부

이때 군 지휘관은 병사 1인칭 시점에서 상황을 지켜보거나 3D 지도가 중첩된 이미지 등을 통해 아군의 위치와 행동을 직접 보며 적합한 명령을 내릴 수 있다. 실시간으로 다각도 이미지를 확인할 수 있다는 점에서 전략적으로 매우 큰 이점을 얻는다. 마이크로소프트의 기술연구원인 알렉스 키프만Alex Kipman은 "이 프로그램은 향상된 상황 인식을 제공해 다양한 시나리오에서 정보 공유와 의사 결정을 가능하게 한다"고 밝혔다.

해외 매체들은 "최첨단 장비를 새로 접하는 군인은 자신이 이해하기 어려울 정도의 방대한 양의 공격 정보를 접하게 될 것"이라고 설명했다. 마이크로소프트는 단순히 미래형 제품을 제작하는 것을 넘어, 운영체제나 소프트웨어 등 기술 전반의 발전을 도

모하고 경제적 이익까지 얻을 전망이다.

　전 세계 각국은 메타버스 기술을 국가 산업의 기반으로 자리할 수 있도록 에너지를 쏟고 있다. 미국은 국방과 재난, 의료 등 분야에 AR·VR 연구 역량을 연방정부 주도로 추진 중이다. 중국도 2016년부터 중앙정부에서 신흥 산업 육성 차원에서 XR 활용 확대 정책을 펼치고 있다. 중국 정부는 '정보소비 확대에 대한 지도 의견', 'VR 산업 발전 가속화 지도 의견' 등 XR 산업 발전과 관련한 중장기 정책을 끊임없이 내놓고 있다.

　영국, 독일, 스페인 등 유럽 국가에서도 XR 관련 연구가 활발하다. 특히 영국은 4대 디지털 핵심 기술로 XR을 채택했다. 2017년 '산업 전략 백서', 2018년 '창의 산업 섹터 딜' 발표 등을 통해 미래 산업 기술 중 하나로 XR을 꼽았다. XR을 정부의 핵심 사업으로 꼽고 대대적인 지원 정책을 펼치는 것이 최근 분위기가 아니라 이미 2017년께부터 시작됐다는 것이다.

메타버스 위해 돈, 제도, 가이드라인 세운 정부

　정부는 2020년 12월에 가상융합경제 발전 전략을 발표했다. '메타버스 정부' 시동에 대한 의지를 확인할 수 있는 대목인데, 당시에만 해도 메타버스라는 용어를 정부 주도로 쓰지는 않았다. 2020년

12월 정부는 메타버스라는 단어를 쓰지 않았지만, 2021년 5월에는 민관이 협력하는 메타버스 얼라이언스라는 이름의 단체를 출범시킨다. 불과 5개월 만에 일어난 변화다. 한국 정부가 나름 빠르게 대응했다고 생각할지 모르겠지만, 주요 국가들이 2016~2017년에 관련 기술을 발전시켜야 하는 분위기로 먼저 앞장서 들어선 것과는 대비된다.

가상 융합경제 발전 전략이라는 거창한 단어가 나왔지만 실제로는 심플한 목표다. 2025년까지 매출액 50억 이상의 XR 기업 150개를 육성하겠다는 것이다. 관련 기술을 실현하기 위해서는 5G, 클라우드 등 인프라적 기반이 필요했고, 이 기반을 근거로 산업 생태계 전반에 기술을 녹여야 했다. 다행히도 정부의 ICT 기술을 책임지는 과학기술정보통신부와 실제 산업 현장에서의 지원을 도맡아야 할 산업통상자원부가 함께 손잡은 것은 상황을 제대로 인지한 것이다.

XR 기술을 발전시키겠다는 포부를 내건 이유는 무엇일까? 코로나19로 나라가 올스톱된 상황이 언제든 반복될 수 있다는 아찔함이 정부의 정책 기조에 담겨 있다. VR·AR 기술을 확대해 코로나19와 같은 전염병을 비롯한 급변 사태가 발생해도, 우리 사회와 경제가 계속해서 돌아가게 만들겠다는 복안이다. 이 기술들은 결국 현실과 가상을 결합시키면서 시간과 공간의 제약에서 벗어날 수 있도록 하기 때문이다.

정부가 특정 산업을 지원하는 방법은 사실 간단하다. 기술이 어디에 쓰이는지 정확히 확인하고(관련 인프라를 확인하고), 예산을 지원하는 등 관련 기업에 돈을 대고, 사업을 어렵게 하는 법과 제도를 정비하는 것이다. 정부는 이 같은 지점에서 제대로 방향을 잡았다.

먼저 XR 펀드를 만들고 2021년에 400억 원 규모로 조성하겠다고 했다. 관련 기술을 검증할 지역 거점을 확보하고, 디바이스 부품 경쟁력이 있는 지역(디스플레이·반도체 산단 등)에 디바이스 투자를 촉진할 센터를 운영한다. 각 산업 분야별 XR 활용을 저해하는 10대 규제에 대한 우선 개선을 추진하면서, 학교와 산업 현장 등 XR 기술 활용 기준이 마련되지 않은 분야에는 XR 활용 가이드라인을 수립하고 보급한다.

앞서 얘기한 대로 민관 합동 단체 메타버스 얼라이언스도 출범시켰다. 200여 개가 넘는 기업을 불러놓고, "앞으로 서로 어떤 시너지를 낼 수 있는지 확인해보자"고 제안한 것이다. 특히 디바이스를 보급하지 못하면 메타버스 세계에 다다를 수 없다는 사실도 명확히 이해하고 있다. 산업 특화용(제조, 정비, 교육 등)과 일상용(자전거 라이더용) 국산 AR 글라스 완제품 개발을 지원한다고 밝힌 게 그 예다.

일단은 정부가 해야 하는 기초 작업은 모두 진행 중이다. 어떻게 하면 기업들 사이를 묶어낼 수 있을지, 규제들을 적절한 시점에 모두 걷어낼 수 있을지가 메타버스 세계로 나아가는 핵심이 된다.

민관 합동 본부까지 출범··· 메타버스 민관 협력 강화

2021년 들어 정부는 메타버스 산업 진흥에 본격적인 시동을 걸었다. 4월에 기술 기반 신산업을 발굴하고 지원하기 위한 신산업 전략 지원 태스크포스TF를 꾸렸고, 5대 핵심 과제에 메타버스를 선정했다. 2020년에는 등장하지 않았던 메타버스라는 단어가 이제 등장하기 시작했다.

2021년 5월에는 메타버스 산업 생태계 활성화를 위해 민간이 주도하고 정부가 지원하는 메타버스 얼라이언스를 출범시켰다. 현대자동차, 분당서울대학교병원, 네이버랩스, 맥스트, 버넥트, 라온텍, SK텔레콤, KT, LG유플러스 등의 기업이 참여했다.

결국 메타버스가 무엇인지 여전히 모호한 상태에서 하나의 큰 기업이 독점하는 공간이 아닌 여러 기업이 함께 만들어나가는 공간이라는 인식에서 비롯한 일종의 합동 본부 출범이다. 메타버스 얼라이언스에 참여한 기업이나 기관은 200여 곳(2021년 8월 기준)을 넘어섰다. 출범 당시 25곳에서 8배나 늘어났다. 삼성전자, 신한은행, 국민은행, SM엔터테인먼트, CJ올리브네트웍스, 자이언트스텝, 애니펜, 레티널 등이다. 전자·금융·엔터·교육·광고 등 업종 대표 기업이 망라됐다. 정부 관계자는 "종을 가리지 않고 메타버스에 대한 관심이 커졌다. 명실상부한 K-메타버스 드림팀이 됐다"고 설명했다.

2021년 5월에 열린 메타버스 얼라이언스 출범식에서 정부 관계자들이 가상현실 기기를 체험하고 있다.

메타버스 얼라이언스를 출범시키고 두 달 뒤인 2021년 7월에 한국판 뉴딜2.0 추진 계획이 발표됐다. 이 계획에서도 정부는 개방형 메타버스 플랫폼 개발을 신규 과제로 꼽았다.

이때 정부의 멘트가 나왔는데, 현재 메타버스에 대한 전 지구적인 열풍을 정확히 인지하고 있음을 알 수 있는 대목이었다. 강도현 과학기술정보통신부 정보통신정책관은 "정부 입장에서 메타버스는 여러 가지 기술의 복합적인 현상이자 사회문화적인 현상이기도 한 것 같다. 새롭게 변화하는 영역에 있어서 '어떠한 서비스가 어떻게 발전할 거냐? 앞으로 어떻게 성장할 거냐?'는 단언하지 못한다"고 말했다. 그는 이어 **"기존에 갖고 있던 인공지능, 가상현실, 블록체인들이 다 결합되어 있는 새로운 디지털 영토 내지 공간이 메타버스라고 생각한다"**면서 "특히나 비대면 분야에 핵심적인 여러 가지

메타버스 3.0

로 활용할 수 있는 중요한 현재 수단으로 보고 있다"고 덧붙였다.

서울시가 메타버스를 활용하는 방법

서울시는 2023년까지 '메타버스 서울 플랫폼'을 구축하기로 했다. 메타버스 플랫폼 위에 가상회의실을 만들고, 가상회의실에서 회의도 하고, 메타버스 플랫폼에서 공개 행사도 하겠다는 것이다. 공무원들이 각자 자신의 아바타로 접속한 뒤 소통하고 회의를 진행한다. 시민들도 아바타로 이 공간에 참석하면 공개 행사를 진행할 수 있다.

도시계획 조감도나 건물의 조감도 등 모형은 VR로 구현할 수 있다. 불필요하게 현장을 방문하지 않아도 오늘 방문했어야 할 장소가 눈앞에 있는 것처럼 생생하게 회의를 진행할 수 있다. 모두가 불필요하게 움직여야 하는 인력 낭비에서 벗어날 수 있다. 서울시는 메타버스 플랫폼을 직접 만드는 게 아니라 CJ올리브네트웍스의 도움을 받는다.

공공기관이 메타버스를 활용할 수 있는 최고의 방법은 기존에 이름 있는 메타버스 플랫폼에서 가상회의를 진행하는 것이다. 2021년 8월에 과학기술정보통신부가 했던 메타버스 발표장이 대표적인 예다. 과학기술정보통신부는 'AI 학습용 데이터 구축 사업' 상생 협약식을 대

표적인 업무용 가상 플랫폼인 개더타운에서 진행했다. 개더타운
에서는 화상회의를 진행하거나 발표 영상을 공유할 수 있다.

과기부 행사에서는 입장객이 200명을 넘어서자, 끊김 현상도
발생하고 화면 송출이 원활하지 않기도 했다. 행사 자체가 아쉬
운 점이 많았지만 단순하게 발표 화면을 공유하는 게 아닌, 아바
타 캐릭터를 직접 움직이는 방식으로 소통하다 보니 실제와 같이
상호작용하는 느낌을 받은 사람들이 많았다. 행사 자체의 아쉬움
보다는 메타버스의 미래를 경험할 수 있었다는 평가였다. 공공기
관이 실제로 가상 세계를 활용해 무언가를 하려는 첫 번째 시도는
바로 기존의 플랫폼을 활용한 회의일 것이다.

5G로 무장한 통신사들의 메타버스 전쟁

메타버스에는 단순히 플랫폼만 있다고 생각해서는 안 된다. 플
랫폼을 받쳐주는 후방 산업이 존재한다. 막대한 통신, 컴퓨팅 자
원 등 인프라가 뒷받침되어야 한다. 그중에서도 LTE 망으로는 원
활하게 이용하기가 어렵다는 점에서 5G 네트워크 고도화가 필요
하다. 공교롭게도 메타버스라는 단어가 활발해진 것은 5G 시대
에 들어서면서다. 대용량의 트래픽을 전송하기 위해 클라우드를
활용해야 하는 것도 있다. 클라우드를 활용해 컴퓨팅 자원을 확대

혹은 축소하면서 효율적인 운영을 할 수 있는 것이다. 때문에 정부와 민간 협력의 가장 선봉으로 나서는 것은 SK텔레콤, KT, LG유플러스 등 통신망을 쥐고 있는 회사들이다.

가장 액션이 큰 곳은 SK텔레콤이다. 박정호 SK스퀘어 대표는 2021년 11월 'SK ICT 테크 서밋 2021' 행사에서 메타버스 시대가 일하는 방식과 소통하는 방식을 바꿀 것이라고 재차 강조했다. 그는 "모바일 인터넷이 지난 20년 동안 진화해 우리의 일상이 됐듯이 메타버스가 미래의 일하는 공간, 소통하는 공간으로 진화할 것"이라며 "SK텔레콤에서 메타버스를 개발하고, SK스퀘어에서 메타버스 생태계에 필요한 기술과 혁신에 대한 투자를 추진하고 있다. 블록체인과 같은 차세대 기술들을 어떻게 가상 세계에 접목시켜 발전시킬 수 있을지 상상력을 발휘해주길 바란다"고 주문했다.

실제로 SK텔레콤은 주도적으로 메타버스 플랫폼을 개발해 냈다. 네이버제트의 〈제페토〉가 한국에서 거의 유일하게 메타버스 플랫폼으로 알려지고 이 회사가 분위기를 주도했지만, SK텔레콤도 금방 새로운 플랫폼을 만들어냈다.

2021년 7월에 공개한 〈이프랜드〉는 주 이용자층을 성인으로 한 모임 플랫폼이다. 게임과 창작적 요소를 덜어내고 모임에 집중할 수 있도록 설계됐다. 18개 테마의 메타버스 룸에 사전에 들어가 각 룸에서 참여자들이 서로 문서와 영상 자료를 실시간으로 공유할 수 있도록 했다. 자신의 아바타를 활용하면 음성도 공유된다.

온라인 콘퍼런스나 비대면 모임을 대체하는 탓에 "딱딱하다", "자유도가 낮다"는 등의 볼멘소리도 나왔다. SK텔레콤 측은 이를 타개하기 위해 대학 축제나 K팝 팬미팅 등 외부 협력 이벤트를 계획해 펼치고 있다.

KT는 AR 쇼룸을 선보이고 있다. 플랫폼보다는 메타버스 콘텐츠에 더 집중하는 것이다. KT의 AR 쇼룸은 홈쇼핑 채널에서 방송하고 있는 상품을 스마트폰과 TV 화면에 3D 콘텐츠로 구현했다. 모바일 화면 위에 구현된 가구나 가전을 자신이 원하는 위치에 놓고 360도로 회전시키는 등 가상으로 배치해볼 수 있다.

LG유플러스는 하드웨어와 소프트웨어를 동시에 노리고 있다. 2020년 8월 중국 스마트 글라스 스타트업인 엔리얼Nreal과 손잡고 AR 글라스 세계 첫 상용화를 노릴 정도로 하드웨어 기기 보급을 위한 움직임을 가속화하고 있다. 게다가 소프트웨어로는 AR·VR 협업 플랫폼 개발 기업 스페이셜과 가상회의 솔루션을 개발 중이다. 가상공간에서 각자의 아바타로 회의에 참여하고 의사를 표현할 수 있는 서비스다. 이때 서비스는 안정적인 5G망과 연결된 AR 글라스가 있어야 사용 가능하다.

산업계가 바뀐다
제조, 출근, 마케팅

현대자동차가 2019년 10월에 공개한 수소 전용 대형 트럭 콘셉트카 넵튠의 디자인은 어떻게 만들어졌을까? 바로 가상공간에 디자이너들이 모여 만들었다. 현대자동차에는 현대차 VR 개발실이 있다. 이 개발실에 실무자들 20명이 신차 디자인 회의를 진행한다. 이 공간에는 실제 자동차와 100% 일치하는 가상의 3D 디지털 자동차가 존재한다. VR 기기를 착용하고, 손동작 한 번이면 차량의 헤드램프 모양이 바뀐다. 색상과 재질을 바꾸거나 부품 크기를 조정하고 위치를 바꾸기도 한다. 차량 디자인이 외부 세계와 얼마나 잘 어울리는지 확인하기 위해서 배경을 시내 한복판, 바닷길, 오프로드로 바꿀 수도 있다.

현재는 현대자동차가 개발 중인 모든 차종에 가상 개발실이 활용되고 있다. 실제로 VR 개발실 도입만으로 시간과 에너지가 엄청나게 줄어든다. 이전에는 특정 디자인을 건의할 때마다 일일이

현대자동차는 개발 중인 모든 차종에 가상 개발실을 활용하고 있다.

직접 그리거나 손으로 직접 모형을 깎아 만들어야 했다. 이제는 가상공간으로 모이기만 하면 된다.

현대자동차와 기아자동차에는 버추얼(가상) 개발 프로세스가 있다. 가상의 자동차 모델과 주행 환경 등을 수시로 바꿔가며 테스트하다 보면 실물 시제작 자동차에서 검증하기 힘든 오류도 빠르게 발견할 수 있다. 디자이너가 원하는 대로 디자인을 바꿔가며 빠르게 디자인 평가를 할 수도 있다. 몇 년 전까지만 해도 신차 품평회를 하려면 디자이너들이 미국, 독일, 인도 등 해외에서 한국으로 와야 했다. 하지만 이제는 VR 헤드셋을 착용하기만 하면 된다.

원격 제어가 가능해진다··· 제조의 혁명

제조 현장에서 XR 솔루션은 어떻게 활용될까? 현장에 있지 않아도 원격으로 현장의 문제점을 짚어낼 수 있다는 점이 가장 큰 장점으로 꼽힌다. 작업하기 힘든 현장의 실시간 상황을 원격으로 직접 보는 것과 같이 인지하게 하고, 관련 문제의 해결책을 동료에게 전달할 수 있다. 주로 육중하고 복잡한 장비나, 접근이 어려운 공간에 위치해 접근에 제약이 큰 작업을 수행하는 데 효과가 탁월하다.

석유, 가스, 항공우주 등 플랜트 분야에 적용할 때 특히 유용하다. 공정 단계별 상태나 정보를 실시간으로 파악하는 것이다. 실시간으로 정보를 파악한 뒤 의사 결정이 적절하게 이뤄지면 업무 효율이 높아지는 것은 당연한 일이다.

카이스트가 가상 공장인 제조 인공지능 메타버스 팩토리 체험관을 연 이유도 비슷하다. 이 체험관은 증강현실 장비를 착용한 사용자가 실제로 플라스틱 나사를 생산하는 것과 유사하게 실제 제조 현장의 느낌으로 체험할 수 있도록 했다. 나사를 생산할 때 불량의 원인을 즉시 탐지해내고, 품질을 높일 수 있도록 온도·압력·속도·위치·시간 등 각종 데이터를 수집하고 분석해보는 것도 가능하다. 실제 상황이라면 생산공정을 일시적으로 멈춰야 하는데, 메타버스 위에서 만들어진 가상 공장으로 생산에 전혀 지장을 주지 않는다.

아직 도달하지 못한 미래 기술을 개발하는 데도 쓰일 수 있다. 2021년 4월 자동차 부품 업체 만도와 글로벌 3D 개발 플랫폼 업체 유니티는 VR 기반 자율주행 개발 환경 구축 업무 협약을 체결했다. 이미 만도와 유니티는 2018년부터 전방 카메라를 활용한 3차원 VR 환경의 자율주행 시나리오를 검증해왔다. 차량, 보행자 등 사물 인식뿐만 아니라 날씨 같은 환경조건 검증도 VR에서 이뤄진다. 앞으로는 레이다, 라이다, 서라운드 카메라 등 자율주행과 관련한 모든 제품에 대해 VR 검증 개발 환경을 구축하겠다는 계획이다.

재택 근무가 일상화된다… 출근의 혁명

필자가 2020년 6월에 인터뷰했던 스페이셜의 사례는 업무와 소통을 위한 메타버스 플랫폼이 일상에 더 가깝게 다가왔다는 증거다. 스페이셜은 AR·VR을 이용해 업무를 할 수 있도록 하는 협업 플랫폼이다. 스페이셜을 이용하기 위해서는 먼저 스페이셜 웹사이트에서 3D 아바타를 만들어야 한다. 이름을 정하고 성별을 선택한 뒤 증명사진을 업로드하면 사진을 올린 지 10초가 지나자마자 필자와 얼굴이 같고 반팔 티를 입은 아바타가 나타난다. 양

스페이셜의 VR 솔루션을 활용해 뉴욕에서 재택근무 중인 이진하 CPO와 홍성용 매일경제신문 기자가 각자의 아바타로 3차원 가상회의실에서 만나 인터뷰를 진행하고 있다.

손에 컨트롤러를 쥐고, VR 기기인 오큘러스 퀘스트를 머리에 쓰자 순식간에 VR 세계로 들어갔다.

　VR 세계에 접속하자 산꼭대기에 위치한 별장의 넓은 거실이 눈앞에 펼쳐졌다. 원목 테이블과 창문 위까지 늘어진 화분이 실제와 똑같있다. 미리 접속해 기다리는 이진하 CPO(최고제품책임자)의 목소리가 등 뒤에서 들렸다. 이 CPO가 손을 내밀어 악수를 청했다. 검지로 컨트롤러를 한 번 건드리자 손을 움직여 그와 악수할 수 있었다. 이 CPO는 "자연 풍광이 수려한 곳에서 일하고 회의하는 것을 직장인들이 꿈꾸지 않나"라면서 "건축가와 함께 상상 속 공간을 디자인했다"고 설명했다.

　그가 두어 차례 손짓하자 허공에 스크린이 띄워졌다. 스크린

위로 배낭 스케치와 배낭 사진들이 나란히 놓였다. 그 앞으로 세 개의 배낭 모델이 나타났다. 배낭은 크기를 키우거나 줄일 수 있었다. 최대로 크기를 확대해 세부 디자인을 살펴보거나, 형광펜을 꺼내 직접 고쳐야 할 부분을 표시할 수 있었다.

거실 한편에는 공룡 3D 이미지가 놓여 있었다. 원하는 이미지를 검색해 고르기만 하면 눈앞에 3D로 띄워졌다. 이 CPO는 "눈앞에서 바로 3D 이미지를 띄우고, 확인할 수 있다는 점에서 소통 오류가 줄어든다"며 "바로 옆에서 회의하는 것과 같은 생동감이 든다. 논의 내용도 최종 상태로 저장되기 때문에 별도 자료를 정리하지 않아도 된다"고 말했다.

이 CPO는 코로나19가 원격 근무 시대를 강제로 앞당겼고, 메타버스 기술을 활용한 새로운 근무 형태가 보편화될 것이라고 예상했다. 그는 "전 세계 많은 근로자가 2년 가까이 원격 근무를 경험했고, 생각보다 수월하게 작동한다는 것을 깨달았다"며 "기기를 쓰는 것만으로 만남이 가능해진다면 비행기를 타고 해외로 출장가서 호텔을 잡는 것보다 비용도 훨씬 줄어들 것"이라고 말했다.

궁극적으로는 업무나 교육의 기회를 바꾸면서 지역 간 격차를 줄일 것이라고 봤다. 그는 "메타버스를 활용하면 책상이 아무 데나 생기는 셈"이라며 "세계 어느 지역에서 살더라도 멀리 떨어진 곳에 내 아바타를 보내 출퇴근할 수 있는 기회가 생긴다"고 전망했다.

부동산 정보 플랫폼 기업인 직방도 2021년 2월부터 오프라인 사무실 출근을 전면 폐지했다. 대신 개더타운이라는 협업 툴을 통해 가상 세계로 출근하는 방향으로 전환했다. 개더타운은 미국의 스타트업 개더가 개발한 프로그램이다. 2D 게임처럼 생긴 온라인 가상공간에 아바타를 만들어 접속한다. 이용자는 아바타의 성별과 피부색, 헤어스타일, 복장 등을 자기가 원하는 대로 꾸밀 수 있다. 개더타운은 2020년 5월 서비스 출시 후 1년 만에 400만 명이 넘는 사용자를 확보했다. 개더타운 속에서는 이야기를 나누고 싶은 사용자에게 아바타를 직접 움직여 다가가기만 하면 된다. 머리 위로 비디오 대화 기능이 켜지면서 음성 기능이 활성화돼 서로 대화를 나눌 수 있다. 여선웅 직방 부사장은 "개더타운으로 제주도나 해외에서도 근무할 수 있는 환경이 구축됐다"고 밝혔다. 실제로 직방에는 제주도 한 달 살이를 진행하면서 근무를 이어가는 직원도 나왔다.

가상 세계로의 출근이 현실화되자 2021년 6월에 직방은 직접 메타버스 협업 공간 '메타폴리스'를 만들었다. 전체 30층으로 구성된 메타폴리스 안에는 아바타 전용 엘리베이터가 있고 4층에는 실제로 직방이 입주해 있다. 동료 직원에게 접근하면 개더타운처럼 얼굴(화상)을 보거나 대화도 할 수 있다. 안성우 직방 대표는 메타폴리스에 대해 "지금까지 교통을 통한 통근 시대에 살았다면, 앞으로는 통신을 통한 통근 시대에 살게 될 것"이라고 말했다. 회사에 입사하고 출근하고 일하는 시스템은 달라지지 않겠지만, 비효율적인 출퇴근 부담은 사라질 수 있다. 메타폴리스와 같은 메타버스 오피스가 대중화되면 어떤 일이 벌어질까? 강남, 역삼, 여의도, 광화문 등 대규모 오피스 상권들은 지금보다는 덜 활성화되는 대신, 지역 곳곳에 마련된 소규모의 거점이 살아나며 골목이 살아날 수도 있다.

특히 직원 채용과 신입사원 교육도 가상공간에서 진행된다. CJ올리브네트웍스는 개더타운을 통해 온라인 채용 설명회를 진행했다. 메인 홀 강당에서는 CJ올리브네트웍스 채용 담당자로부터 하반기 신입사원 모집 직무와 전형 과정에 대한 상세 설명을 듣고 자유로운 질의응답도 할 수 있도록 했다. 직무 상담룸에서는 현직에 있는 선배들과의 일대일 상담을 받을 수 있다.

Z세대를 유혹한다… 마케팅의 혁명

메타버스를 활용하면 기업 마케팅도 바뀐다. 삼성전자는 갤럭시Z 폴드3 · 플립3 출시를 기념해 새로운 기기를 출시할 때마다 열고 있는 팬 파티를 메타버스 플랫폼에서 개최했다. 폴더블폰의 기존 구매자들과 사전 예약자, 갤럭시 팬 등 총 1,000명을 초청해 SK텔레콤의 〈이프랜드〉에서 소통의 시간을 마련했다. 갤럭시 팬을 위해 갤럭시 실제 이용자로 구성해 화제를 모았던 방송인 유재석, 김희철, 미주 등 프로덕션Z 일원의 축하 메시지를 받는 이벤트도 진행됐다. 삼성전자가 메타버스 플랫폼으로 이 같은 행사를 진행한 것은 처음이다. 그만큼 산업계 전반으로 메타버스 마케팅 분위기가 꽤 무르익었다는 이야기다.

금융권이 시도하는 메타버스 플랫폼 구축도 마케팅의 연장선상에 있다. KB금융은 개더타운에 'KB금융타운'을 개설했다, 가상 점포 겸 사무실인데, 메인 홀에 위치한 영업점은 실제 은행 영업점과 흡사하게 마련됐다. 고객이 화상으로 상담을 진행하고, 상품 계약도 진행할 수 있다. 현실과 비슷하게 창구에서 사람들이 많으면 물리적인 대기 시간이 필요한데, 웹 기반의 게임도 마련해 지루하지 않도록 했다. 은행들의 메타버스 시도는 오프라인 창구, 온라인뱅킹 외에 고객 접점을 확대하는 새로운 마케팅 기법이다. 기존 은행의 딱딱하고 지루한 이미지를 벗어나기 위한 시도다.

유통계의 메타버스 목표도 자사 브랜드 홍보와 마케팅이다. 편의점 CU를 운영 중인 BGF리테일은 네이버제트의 〈제페토〉 플랫폼에 'CU 제페토 한강점'을 열었다. 정확히는 네이버 〈제페토〉에 있는 한강공원 월드 맵 안에 매장을 연 것이다. CU 제페토 한강점 내부는 점포 레이아웃부터 집기나 상품 등 CU의 실제 매장과 최대한 흡사하게 꾸몄다. 물론 아직 점포 안의 물건을 직접 구입해 오프라인에서 받아볼 수는 없다. CU의 목표는 두 가지다. 해

CU 편의점을 운영하는 BGF리테일은 네이버제트의 〈제페토〉 플랫폼에 CU 제페토 한강점을 열었다.

외 홍보와 재미다. 〈제페토〉의 이용자 90%가 해외 이용자이기 때문에 한강공원 맵에 방문하는 이들에게 CU라는 편의점을 홍보하고 친숙하게 느끼도록 하는 것이다. 게다가 Z세대가 CU의 상품을 재미있게 경험할 수 있도록 하는 목표도 있다.

롯데백화점의 프리미엄 라이프 스타일 편집숍 더콘란샵도 VR 매장을 만들고 비대면 컨설팅을 제공한다. 롯데백화점은 코로나19로 매장 방문이 어려운 고객을 위해 VR 투어를 만들었다. 롯데홈쇼핑도 VR 기술을 활용한 테마별 캠핑장을 구현했다. 캠핑을 간접 체험하고, 인기 캠핑 용품을 둘러볼 수 있게 했다. 소비자가

메타버스 3.0

체험 후 바로 구매할 수 있도록 구매 관련 링크도 연결해놨다.

아모레퍼시픽은 롯데백화점 청량리점에 이어 롯데백화점 영등 포점에도 AR 기반 비대면 매장 아모레스토어를 열었다. 아모레스 토어에서는 얼굴에 직접 테스트를 하지 않아도 자신에게 잘 어울 리는지 확인할 수 있는 AR 메이크업 체험 서비스를 제공한다. 매 장의 디바이스를 통해 얼굴을 촬영한 후 제품을 선택하면 화면 속 자신의 얼굴에 메이크업이 적용된다. 직접 얼굴에 발라보는 번거 로움 없이도 화장품을 체험하는 것이다.

신세계인터내셔날의 여성복 브랜드 보브도 AR 기술을 이용해 제작한 가을 신규 컬렉션 룩북(화보)을 공개했다. 기존과 달라진 점은 룩북 속 패션이 평면 형태가 아닌 입체적인 3D 영상으로 보 인다는 점이다. 휴대폰과 태블릿 PC에서 AR 룩북 링크만 접속하 면 모델이 재킷이나 코트를 직접 착용한 모습을 실제와 가장 가깝 게 눈앞에서 볼 수 있도록 했다.

이마트는 개점 28주년을 맞아 개더타운에서 개점 기념식을 열 었다. 개더타운에 이마트, 트레이더스 매장과 함께 야구장인 SSG 랜더스 필드를 구현해 이마트타운을 조성했다. 한 달짜리 공간으 로 운영되는 이곳의 목표도 홍보다. 임직원이 메타버스 문화를 직 접 체험해볼 수 있도록 하는 데 방점을 뒀다.

현대백화점 면세점도 〈제페토〉 안에 마련한 자사의 가상공간 을 회사 기념일에 맞춰 새로 꾸몄다. 무역센터점 오픈 3주년을 기넘해 한시적으로 생일 선물 행사를 진행했다. 주목할 만한 것은 자사 홍보 모델의 아바타를 통해 특정한 키워드를 획득하면 실제 현실과 연결되는 이벤트를 준비했다는 것이다. 현대백화점 면세점의 공식 모델인 윤아와 정해인의 3D 아바타를 찾아 비밀의 방을 안내받고, 비밀의 방에서 찾은 키워드를 현대백화점 인터넷 면세점 홈페이지 행사 페이지에 입력하면 추첨을 통해 경품을 증정받는 식이다.

산업계가 바뀐다
엔터, 놀이, 교육

SM엔터테인먼트 걸 그룹 에스파는 실제 멤버 네 명과 이들의 아바타인 가상 멤버 아이ae 네 명으로 구성돼 있다. 2020년 11월에 데뷔했다. 멤버 네 명은 현실 세계에서 활동하지만, 멤버들의 모습을 본떠 만든 아바타는 가상 세계에서 활동한다. 그래서 에스파는 4인조 그룹이면서 8인조 그룹이다.

에스파는 현실과 가상을 오가면서 활동한다. 데뷔곡 〈Black Mamba〉는 공개 51일 만에 유튜브 1억 조회수를 기록했는데, 다음 싱글인 〈Next Level〉과 고스란히 연결된다. 에스파의 〈Next Level〉은 에스파와 아이의 연결을 방해하는 빌런 블랙맘바를 찾아 떠나는 여정을 담았다. 이 싱글도 공개 직후 국내 주요 음원차트 1위에 올랐으며 〈Next Level〉 뮤직비디오는 공개 3개월 만에 유튜브 조회수 1억 4,000만 회를 기록하는 등 선풍적인 인기를 끌고 있다.

SM엔터테인먼트가 기획한 에스파 멤버 4명의 아바타는 이처

강영운 매일경제신문 기자가 SM엔터테인먼트의 메타버스 그룹 에스파와 인터뷰하는 모습

럼 에스파 걸 그룹만의 웅장한 세계관을 구축하며 자신들만의 세계를 만들어간다. 에스파 멤버의 아바타가 사는 가상 세계는 광야로 불린다. 아바타는 리콜이라는 과정을 통해 현실 세계에 한정된 시간 동안 나올 수 있다. 이런 특성은 노래와 뮤직비디오에 반영된다. 팬들은 노래 속에 숨겨진 장치들을 분석하고 포착한다.

　SM엔터테인먼트 총괄 프로듀서는 2020년 말 제1회 세계문화포럼에서 "에스파는 셀러브리티와 아바타가 중심이 되는 미래 세상을 투영해, 현실 세계와 가상 세계의 경계를 초월한 완전히 새롭고 혁신적인 개념의 그룹"이라며 "그룹 안에서 온·오프라인으로 동시에, 그러나 각각 서로 다른 방식으로 현실 세계와 가상 세계의 컬래버레이션을 선보이는 등 다채롭고 파격적인 방식의 활동으로 펼쳐나갈 계획이다"라고 설명했다.

SM엔터테인먼트가 메타버스 걸 그룹 에스파를 데뷔시킨 이유는 무엇일까? SMCU_SM Culture Universe(SM의 모든 아티스트가 연결된 확장 세계를 의미)를 엔터테인먼트의 미래이자 자사의 비전으로 규정한 것이다. 특정 세계관이 구축되는 하나의 세계를 꿈꾼다. 에스파는 그것을 위한 첨병이다. 에스파를 시작으로 기존의 다른 아티스트들이 참여하는 SM엔터테인먼트만의 세계관을 만들어나간다는 계획이다.

2021년 8월 가수 선미는 〈제페토〉에 개설된 페스티벌 맵에 아바타 SUNMI로 등장했다. SUNMI와 소통하기 위해 각자의 아바타로 등장한 국내외 팬들은 맵에 숨겨진 선미의 미니앨범 〈1/6〉의 미공개 티저 사진을 찾거나 선미의 의상과 소품을 착용해보기도 했다. 이번 〈제페토〉 활동은 오프라인에서 본격 컴백에 나서기 전의 사전 팬미팅 성격을 띠었다. 트랙 리스트나 타이틀 곡명, 음원 일부를 〈제페토〉에서 가장 먼저 공개하며 프로모션 효과를 노렸다. 선미는 "XR 기술이 해외에서는 많이 이뤄지고 있다. 이러한 기술이 많이 정착되지 않을까 싶다. 공간의 제약이 없기 때문에 시각적으로도 풍성함을 전할 수 있는 게 가장 큰 매력"이라며 "이것이 하나의 문화로 자리 잡을 거 같다. 몇 년 후에는 얼마나 많은 발전이 이뤄져서 어떤 것을 구현하게 될지 기대된다"고 밝혔다.

이처럼 메타버스 플랫폼과 엔터테인먼트가 만나는 이유는 간단하다. 결국 또다시 코로나19다. **코로나19로 인해 대면 관람 자체가 어려워졌으니 비대면 관람으로 트렌드가 바뀌었고, 이를 지원할 플랫폼과 콘텐츠들이 연이어 나타나는 것이다. 시간과 공간의 한계를 넘어서 자유로운 소통을 가능하게 한 것이 핵심이다.**

앞 장에서 미국 팝스타 아리아나 그란데가 2021년 8월에 투어 공연을 했다고 설명한 바 있다. 이 투어는 코로나19가 장기화되는 가운데 강행한 것이었다. 코로나19 사태 와중에도 매회 수백만 명이 모여들었다. 아리아나 그란데는 에픽게임즈의 〈포트나이트〉 안에서 열띤 무대를 펼쳤다. 〈포트나이트〉 이용자는 모두 무료로 공연을 즐겼다. 공연은 사흘 동안 다섯 차례에 걸쳐 진행됐고, 매회 수백만 명이 모여들었으니 사실상 수천만 명이 공연을 본 것이다.

2020년 5월 〈마인크래프트〉에서는 총 41팀의 밴드가 모인 대형 뮤직 페스티벌이 열렸다. 총 세 개의 스테이지가 준비됐고, 5,000명의 〈마인크래프트〉 플레이어와 13만 명의 실시간 스트리밍 시청자가 참여했다. 이때 음성, 채팅, 화상 통화 등을 지원하는 메신저 디스코드Discord를 활용해 온라인 콘서트를 즐기는 시청자들과 실시간 소통도 이뤄졌다.

실감형(XR) 공연이 뜬다… 엔터의 혁명

삼성전자는 2021년 1월, 삼성전자의 플래그십 스마트폰 갤럭시S21 시리즈를 공개한 갤럭시 언팩 2021을 진행했다. 신형 스마트폰을 발표하는 삼성전자 관계자 뒤로, 집채만 한 크기의 갤럭시 S21 실물이 앞면과 뒷면을 비추며 움직인다. 전 세계 5,700만 명이 시청했던 이 행사가 이뤄진 장소는 경기도 김포시에 위치한 엔피NP의 XR 스튜디오, 김포 XR 스테이지였다.

이 스테이지 안에서는 가로 22m, 세로 6m의 LED 월wall에 AR을 덧입혀 순식간에 배경이 바뀌는 등 생동감 넘치는 공연이 가능하다. 미리 완성된 가상의 공간 위에 현실의 제품이나 사람을 실시간으로 합성해 실시간 렌더링을 진행하는 방식으로 XR 기술을 구현하는 것이다.

현재 이곳을 활용해 콘텐츠를 만들고픈 회사들로 대관과 제작 스케줄이 꽉 차 있을 정도다. 2018년 평창 동계올림픽 개회식 때 관련 기술을 선보였고, 이후 삼성전자나 현대자동차 등 대기업의 신제품 설명회도 치러냈다. SM엔터테인먼트 아이돌 그룹 에스파와 NCT127 등의 뮤직비디오도 이곳에서 촬영됐다.

코로나19로 공간의 제약이 심해진 것이 XR 스튜디오를 통한 제작 환경이 각광받게 된 이유다. 예를 들어 바닷가의 석양을 찍기 위해 제작진이 시간을 맞춰 이동하거나 대기하는 대신 이 스튜디오에서 실시간 합성만 하면 작업이 완료된다.

입학식과 축제도 메타버스에서… 교육의 혁명

코로나 학번, 2020년에 입학한 친구들에게 붙여진 무시무시한 별칭이다. 동기들 얼굴 한번 못 보고, 캠퍼스의 낭만을 즐기지 못하는 세대들의 자괴감 토로이기도 하다. 이른바 C세대Covid Generation의 출현이다. 코로나19를 떼어놓고는 새로운 미래를 설명하기 힘들게 돼버렸다. 하지만 이들을 다른 말로는 메타버스 학번이라고 할만하다. 이들보다 새로 생겨난 플랫폼을 용이하게 다룰 세대들은 없다.

뱅크오브아메리카Bank of America는 연구보고서를 통해 2013년 이후 태어난 세대를 C세대라고 호칭했다. 한국 나이로 2022년 기준 10살이다. 생활, 음식, 문화 모든 면에서 온라인과 비대면을 위주로 사는 세대다. 이들 세대는 팬데믹이 종식되더라도, 인류 역사상 가장 많은 시간을 온라인과 비대면으로 활용하게 된 세대가 될지 모른다.

그보다 윗세대인 Z세대들은 대학교 입학식을 메타버스 공간에서 개최했다. SK텔레콤은 2021년 3월 초 순천향대와 협력해 세계 최초로 신입생 입학식을 메타버스 공간에서 열었다. 〈이프랜드〉

© SK텔레콤

SK텔레콤의 메타버스 플랫폼에서 입학식을 진행한 순천향대

의 전신인 점프VR에 순천향대 대운동장을 조성하고 신입생 아바
타들이 모여 입학식을 열었다. 신입생들은 각자 집에서 플랫폼에
접속한 뒤 같은 과 친구들을 만나고, 교수님을 만났다. 모두 아바
타로 만난 것이다. 메타버스 운동장에 설치된 스크린을 통해 총장
의 환영사와 신입생 대표의 입학선서, 대학 소개 영상 등을 차례
로 감상했다.

　순천향대는 온라인으로 진행하던 피닉스 열린 강좌라는 교양
강의를 메타버스로 개설하기도 했다. 국내외 주요 인사들을 매주
연사로 초청하는 15주짜리 특강 수업인데, SK텔레콤의 플랫폼에
계단식으로 의자가 놓인 원형 강의실 형태의 콘퍼런스 룸 스킨을
강의실로 꾸몄다. 학생들은 아바타로 출석 체크를 하고 강의를 들

고, 궁금한 내용을 질문할 수 있다. 순천향대 관계자는 "입학식 때 개설된 학과 공간을 활용해 학생들이 동아리·MT 등 자율 활동을 하도록 하고, 향후 고등학생 대상 입시설명회를 포함한 각종 세미나와 경진대회도 메타버스로 구현하도록 플랫폼을 개발하는 중"이라고 했다.

축제도 메타버스로 진행된다. 건국대는 봄 축제를 VR 게임 기업 플레이파크와 함께 정교하게 구현한 건국 유니버스에서 진행했다. 〈포켓몬 고〉처럼 랜덤으로 출현하는 길고양이, 거위, 자라 같은 학교 명물을 발견해 인증하는 이벤트와 가상 학생회관에서 퀴즈를 푸는 방탈출게임 등이 프로그램에 포함됐다. 이벤트를 통해 획득하는 보상도 아바타를 꾸미게 하는 아이템을 제공했다.

나만의 공간에 가상의 콘텐츠를 덧입힌다… 공간의 혁명

2015년에 설립된 더블미는 홀로그램 기술에 강점을 가진 스타트업이다. 이 회사가 2020년 11월에 출시한 트윈월드 앱을 이용하면 누구나 혼합 현실MR 공간을 자유롭게 꾸미고 다른 사용자를 초대해 즐길 수 있도록 했다. MS의 웨어러블 기기 홀로렌즈2를 착용해야 즐길 수 있는 버전으로, 첫 출시 이후 9개월 만에 3만 5,000명의 사용자를 확보했다. 최근에는 일반 스마트폰으로 즐길

더블미가 스페인 바르셀로나 글로리에스Gloriés 쇼핑몰에 선보인 혼합 현실MR 수족관 서비스

수 있는 안드로이드용 버전도 내놨다.

김희관 더블미 대표는 "기존의 메타버스는 웹사이트나 별도의 2차원, 3차원 플랫폼에서 가동됐다. 하지만 더블미는 일상이 벌어지는 현실 세계 위에 가상의 콘텐츠를 덧입히는 방식으로 새로운 공간을 창조한다"고 설명했다. 그는 "더블미의 트윈월드 플랫폼을 활용하면, 자기가 살고 있는 공간을 조금도 변형시키지 않고도 나만의 시선으로 디즈니랜드를 만들 수 있다"고 밝혔다. 더블미의 홀로그램 기술을 적용해 나의 공간에 가상의 콘텐츠를 띄우면, 나만의 사무실이나 공부방·놀이터를 만들 수 있다는 얘기다.

트윈월드는 현실 세계 기반의 메타버스 플랫폼으로 가상공간을 임대한다는 개념이다. 현실 공간 위에 사용자가 원하는 트윈월드 세계를 덧씌운다. 게다가 실시간으로 다른 이용자와 전신 3D 아바타로 협업하고 소통할 수도 있다.

유럽 최대 복합 쇼핑몰인 웨스트필드Westfield 바르셀로나 지점에 150m 규모의 대형 MR 수족관을 만든 게 대표적이다. 실제로는 아무것도 없는 보행 공간이지만, 그 위에 가상 수족관을 만든 것이다. 이곳에 방문한 손님들은 더블미가 만들어둔 콘텐츠 3,000여 개를 직접 옮기고 띄우며 수족관을 채워나갈 수 있다.

기존의 공간을 새 공간으로 탈바꿈해주는 회사로 알려지자 러브콜도 이어지고 있다. 은행이나 대기업에서 문의가 많이 온다고 한다. 예를 들어 특정 은행 지점을 방문했는데, 지점의 한쪽 공간이 정글로 바뀌어있다든지 등 고객의 즐길 거리를 만들어두는 형태로 구현하는 것이다. 학교와 같은 교육 시설에서도 물리적 공간을 하나도 변경하지 않고, 학생들의 경험을 자극하는 새로운 공간으로 탈바꿈할 수 있다.

더블미의 트윈월드에는 홀로포트라는 핵심 기술도 포함돼 있다. 3D 카메라 한 대만으로 움직이거나 정지한 대상을 개인들이 손쉽게 3D 모델화해서 홀로그램으로 촬영할 수 있는 기술이다. 내가 지금 입고 있는 옷 그대로 나를 긁어내 곧바로 아바타로 만들 수 있는 것이다.

메타버스에서 공간을 임대하는 메타버스의 위워크가 되는 게

김희관 대표의 목표다. 그는 "트윈월드를 활용해 공간을 창조하고 재배치하는 등 경제활동도 활발하게 이뤄질 수 있도록 만들고 싶다"며 "나의 자아를 투영한 즐길 거리를 만드는 회사로서 메타버스 시대를 여는 데 일조할 것"이라고 강조했다.

인플루언서를 대체하는 가상인간

나이 19세, 직업은 팝 가수. 인스타그램 팔로어 310만 명. 인스타그램 게시물 광고 한 개당 수익 1,000만 원, 2020년 한 해에 벌어들인 돈 130억 원. 전 세계서 가장 유명한 인플루언서인 릴 미켈라Lil Miquela의 숫자들이다. 19세 나이에 벌써 수백만 팔로어를 보유했고, 지난해에만 무려 130억 원을 벌어들였다.

우리나라에도 신한라이프와 쉐보레, 아모레퍼시픽, 반얀트리 호텔까지 분야를 막론하고 광고를 찍어대는 무시무시한 신인이 있다. 나이 22살, 이름은 오로지. 인스타그램 팔로어 11만 명. 그가 출연한 신한라이프 광고 유튜브 영상은 게시 한 달여 만에 1,100만 여 조회수를 기록하는 기염을 토했다.

가상인간은 버추얼 인플루언서virtual influencer라고 불린다. 가상으로 만들어졌지만, 인간과 똑같은 모습을 지니고 행동한다. 한국인들에게 가상인간 로지의 등장은 낯선 경험이 아니다. 1998년 1월

메타버스 3.0

버추얼 인플루언서로 활동 중인 가상인간 로지

© 싸이더스스튜디오엑스

에 등장한 사이버가수 아담은 버추얼 인플루언서의 시대를 열었다. 178cm의 키와 68kg 몸무게의 잘생긴 사이버가수 아담은 3D 그래픽으로 구현된 가상인간이었다. 첫 앨범만 무려 20만 장의 판매를 올리며 팬들의 사랑을 받았지만, 비용이 많이 들었고 이후 자취를 감췄다.

20여 년이 훌쩍 지난 현재 코로나19로 가속화된 비대면의 세계에서 가상현실 즉, 메타버스가 새로운 화두로 제시됐다. 모두가 아바타를 만들고, 가상의 스튜디오에서 일을 하고, 게임을 즐기고, 생활을 하는 삶의 모습이 조금씩 그려지는 때가 됐다. 이에 맞춰 가상과 현실을 넘나드는 가상인간이 속속 뜨고 있다.

신_新 인플루언서 가상인간이 뜬다

최근에 주가를 높이고 있는 가상인간 로지는 2020년 8월에 싸이더스스튜디오엑스가 만들었다. 로지와 같은 가상인간은 구체적인 프로필과 함께 명확한 세계관이 부여된 게 특징으로 꼽힌다. 예를 들어 로지는 세계여행과 요가, 러닝, 패션 등에 관심이 많은, 영원히 나이가 바뀌지 않는 22살 여성으로 프로필이 만들어졌다. 자유분방하고 사교적인 성격이 부여되기도 했다. 특히 로지의 얼굴은 MZ세대가 선호하는 얼굴형을 모아 만들었다. 이에 따라 '흔하지 않지만 매력적인 얼굴'로 만들어지기도 했다.

로지의 행보는 단연 A급 인플루언서로서 자리하고 있다. 인스타그램 팔로어 11만 명을 무기로 해 SNS 시장을 석권하는가 하면 TV 광고에까지 출연해 끊임없이 보폭을 넓히고 있다. 은행, 자동차, 화장품 등 분야를 막론하고 광고를 찍는다.

국내에서는 최근 몇 년 사이 삼성전자와 LG전자 같은 국내 대표 IT기업을 중심으로 가상인간을 활용한 마케팅이 펼쳐졌다. '미래에서 온 아이'라는 이름에서 따온 LG전자의 김래아가 대표적이다. 김래아는 지난 1월에 세계 최대 IT·가전 전시회인 CES 2021에서 공식적으로 얼굴을 알렸다. 진한 분홍색 후드 티와 단발머리를 가진, 서울에 사는 23세 여성이라는 구체적인 프로필을 기초로 인공지능 기술을 접목해 4개월간 자연어 정보 수집·학습을 통해

메타버스 3.0

목소리까지 갖게 됐다.

LG전자의 김래아보다 1년 더 일찍 세상에 모습을 알린 삼성전자의 가상인간 네온은 상용화 수순을 밟고 있다. 삼성전자의 미래기술 사업화 벤처 조직 스타랩스가 개발한 네온은 CES 2020 행사에서 처음으로 공개됐다. 신한은행은 네온을 은행원으로 활용하기 위해 당해에 삼성전자와 손잡았고, 시간과 장소에 구애받지 않고 24시간 365일 돌아가는 상담형 영업 현장을 구축할 계획이다.

해외서도 활발한 가상인간 마케팅

미국의 시장조사 업체 비즈니스인사이더인텔리저스Business Insider Intelligence는 기업들이 인플루언서에게 쓰는 마케팅 비용이 2019년에 80억 달러(약 9조 5,000억 원) 2022년 들어 150억 달러(약 17조 8,000억 원) 수준까지 늘어날 것이라고 전망했다. 이때 로지와 같은 가상 인플루언서를 활용한 마케팅 시장 규모가 대부분을 차지할 것으로 관측된다. 한국시장에서는 로지의 주목도가 높아지면서 김래아와 네온, 아담까지 소환된 수준이지만, 전 세계에서는 이미 가상인간을 활용한 마케팅이 활발히 이뤄지고 있다.

전 세계서 가장 유명한 가상인간은 앞서 소개한 미국 LA에 사는 19세 팝 가수 릴 미켈라다. 2016년에 등장한 브라질계 미국인

전 세계서 가장 유명한 가상인간인 19세 미국 LA 팝 가수 릴 미켈라   © 릴 미켈라

인 미켈라는 현재 샤넬, 프라다, 버버리, 루이비통 등 명품 브랜드의 모델도 맡고 있다. 삼성전자도 2019년에 릴 미켈라를 활용해 갤럭시S10 신형 모델의 캠페인을 벌이기도 했다.

이 밖에도 세계 최초의 가상 슈퍼모델인 슈두Shudu도 22만 명의 인스타그램 팔로어를 보유한 가상인간이다. 2017년 4월에 데뷔한 흑인 여성인 그녀는 큰 키와 매력적인 마스크를 지녔다. 일본 최초의 버추얼 모델인 이마Imma는 글로벌 가구 기업 이케아 모델로 활동하면서 하라주쿠 이케아 매장에서 사흘간 생활하는 동영상을 공개한 바 있다.

메타버스 3.0

가상인간 제작에 뛰어든 메타버스 기업들

카카오게임즈 계열사인 게임 개발사 넵튠은 가상인간과 관련한 전문 기업들을 줄줄이 인수하며 시장 개척에 나섰다. 넵튠은 2020년에 인수한 온마인드를 통해 가상인간 수아를 개발했다. 수아는 아이돌이라는 프로필이 부여된 인플루언서로, 동영상 콘텐츠 플랫폼 틱톡 팔로어 수가 벌써 1만 8,000명이 넘는다.

넵튠은 디지털 아이돌 제작사 딥스튜디오와 펄스나인에도 투자했다. 딥스튜디오는 연습생을 설정하고 가상 아이돌 네 명을 개발했다. 이 중에 정세진이라는 가상 캐릭터는 인스타그램 팔로어 수가 벌써 9만 명에 육박했다. AI 그래픽 전문기업인 펄스나인도 이터니티라는 가상 K팝 걸 그룹을 데뷔시켰다. 신곡 〈No Filter〉도 발매했다.

AI 가상인간을 만들려는 시도는 더욱 많아질 것으로 관측된다. AI 반도체 스타트업 퓨리오사AI와 AI 오디오 스타트업 타입캐스트는 영상·음성에 특화된 AI 반도체를 적용해 가상인간 콘텐츠 개발에 나선다고 밝힌 것도 대표적인 예다. 타입캐스트는 인공지능 성우 서비스로 현재 140명 이상의 AI 성우 목소리를 제공하고 있다. 이용자가 텍스트를 입력하면 가상인간을 통해 인공지능 음성을 만들 수 있게 될 것으로 보인다.

아울러 가상인간을 활용한 브랜드 마케팅은 앞으로도 더욱 고도화될 전망이다. **특히 코로나19로 인해 이커머스의 비중이 쇼핑을 장악한 상황에서 온라인과 메타버스 등 새로운 저변에서 시공간의 제약을 받지 않고 활동할 신新 인플루언서가 필요해졌다는 것이다. 특히 이들이 특별한 구설에 휩싸일 필요도 없는 '항상 관리되는' 인플루언서라는 점도 브랜드들의 선호가 높아지는 지점이다.** 영원히 늙지 않는다는 특징도 광고주인 기업 입장에서 이미지 변화에 따르는 부담을 안을 필요가 없다.

가상인간의 다음 목표는 가상아이돌

절대 나이 들지 않는 스물두 살의 가상인간 로지는 백승엽 싸이더스스튜디오엑스 대표 손끝에서 나왔다. 백 대표는 "가상인간 로지는 아바타 시대 포문을 연 첫 작품이다. 아이디로 접속하는 대신 아바타로 접속하는 미래가 조만간 열릴 것으로 확신한다"라면서 디지털 기기에 익숙한 디지털 네이티브 세대 출현에 이어 아바타를 하나씩 쥐고 태어나는 시대가 머지않았음을 강조했다. 가상인간이 결국 인플루언서라는 점에서 어떻게 이들을 활용해 더 많은 대중을 특정 플랫폼에 묶어둘지 고민해야 한다고 했다. 그는 "로지는 셀럽 인플루언서라고 이해하면 된다. 사업하는 사람들은 이 인플루언서의 영향력을 어떻게 활용하면 좋을지 방법을 찾아야 한다"고 설명했다.

결국 대중의 한정된 시간을 어떻게 하면 플랫폼과 콘텐츠를 통해 우리 브랜드로 이끌어올 수 있을지에 대해 고민해야 한다는 얘기다. 백 대표는 "볼거리와 즐길 거리가 넘쳐나는 시대가 됐다. 특정 브랜드를 소비하게 만드는 것도 대중이 힘을 쏟아야 이뤄질 수 있는 것"이라며 **"아바타들이 활동하는 미래 아바타 시대에는 어떻게 하면 그 아바타를 자신들의 플랫폼 위에 묶어두고 더 많은 시간을 뺏어올 수 있을지 고민하는 게 승부수가 될 것"**이라고 밝혔다. 그 대신 일반 대중은 전자상거래를 이용해 쇼핑을 즐기는 것처럼 즐길 마인드 하나면 충분하다고 말했다.

로지의 성공에 힘입어 앞으로도 엔터테인먼트 플랫폼으로서 굳건히 자리매김할 계획이다. 백 대표는 "회사는 온전히 소속사 개념으로 보면 된다. 가상인간이라는 인플루언서를 기획하고 키우는 역할을 해내고 있는 것이다. 로지는 이제 성공 사례를 만든 첫 작품"이라며 "현재 남성 3인조 아이돌을 기획 중이다. 음반 발매를 시작으로 일반 아이돌 키우기와 동일한데, 가상인간이라는 게 차별점이다"라고 설명했다.

백 대표의 궁극적인 목표는 엔터테인먼트 외의 비즈니스 플랫폼을 만드는 것이다. 그는 "가상인간이라는 모델 플랫폼 외에도 배달의민족 같은 주문 서비스 플랫폼을 메타버스 상에서 만들 수 있을 것 같다. 아직 고민 중이지만, 비즈니스 플랫폼을 구체화해 추가로 출시하는 게 다음 단계"라고 말했다.

2022년은 메타버스 원년··· 교육·쇼핑 모두 혁명

"코로나19 사태로 벌어진 일시적 현상이 아니라 2022년부터는 메타버스가 범지구적 현상으로 떠오르게 될 것이다."

김상균 강원대 산업공학과 교수는 "메타버스의 대표적 기업인 미국 게임 플랫폼 업체 〈로블록스〉도 최근 플랫폼 내부의 게임과 관련된 표현들을 바꾸며 게임 기업 이미지를 없애려고 한다"며 "미래 메타버스는 우리의 업무, 교육, 일상생활 등을 모두 파고들 것"이라고 내다봤다.

김 교수는 이 분야 전문가다. 그는 과학기술정보통신부가 출범한 가상현실 생태계 발전을 위한 민관협력 조직 메타버스 얼라이언스 출범식에서도 관련 기조강연을 맡기도 했다.

메타버스는 AR이 범용으로 일반화되고, VR은 특수용도 형태로 발전할 것이라 봤다. 김 교수는 AR 글라스가 얼마나 발달하고 범용성을 띠느냐에 따라 메타버스 발달의 정도가 달라질 것이라고 강조했다. 그는 "페이스북, 애플, 마이크로소프트, 구글까지 빅4 회사에서 AR에 집중하고 있다. 일례로 마이크로소프트의 AR 고글인 홀로렌즈2가 가격이 500만 원대인데 좀 두껍다"며 "이 네 개의 빅테크 회사에 아마존까지 AR로 뛰어들면 이르면 2022년부터는 더 많은 것을 메타버스로 시도할 수 있는 새로운 지평이 열릴 것"이라고 덧붙였다.

메타버스 3.0

특히 메타버스로 업무와 교육 분야도 바뀔 것이라고 내다봤다. 김 교수는 "페이스북이 메타버스 플랫폼 〈호라이즌〉을 내놓은 이상 코로나19 이후에도 이 플랫폼을 활용해 업무를 진행할 가능성이 크다"며 "국내 대표 교육기관인 EBS도 메타버스 플랫폼을 만들고, 원활한 연동 방식을 고민하고 있다. 요새 인터넷 강의하는 교육 분야 사기업들도 인강을 메타버스 플랫폼화하려는 움직임을 이미 보이고 있다"고 설명했다.

또 커머스를 비롯한 일상 영역도 메타버스가 대안인 것을 기업들은 이미 알고 있다고 밝혔다. 김 교수는 "소비자와 판매자가 직접 만나길 바라는 게 커머스 트렌드다. 제조업체도 유통업체를 빼고 직접 소비자를 만나고 싶어한다"며 "라이브쇼핑이 뜨고 있지만, 그것만으로 부족하다는 것을 기업들이 안다. **고객이 우리 플랫폼 안에 물건을 사러 들어오는 것뿐 아니라 늘 머무르게 해야 플랫폼 자체에 팬덤이 생긴다**"고 말했다.

3차원 메타버스 플랫폼이 비쥬얼 효과에서는 좋지만, 연령을 초월해서 이용하긴 어렵다고 밝혔다. 김 교수는 "30대만 넘어가도 3차원 공간에서 서너 시간 머물기 힘들다. 때문에 2D 기반의 메타버스 플랫폼을 만들면 지금의 소셜 미디어를 대체할 수 있게 되고 더 많은 연령대를 포괄할 수 있다"고 말했다.

이용자 입장에서도 현실과 메타버스의 비중을 적절히 조절해야 한다고 했다. 김 교수는 "미국 10대들이 현실의 교우관계보다

〈로블록스〉 속 친구 관계에 더 신경 쓴다는 결과도 나왔다"며 "메타버스 초창기이기 때문에 성범죄나 사기 범죄 등과 연관될 가능성도 있다. 캐릭터가 아기자기해서 안전한 공간이라는 착각은 금물"이라고 강조했다.

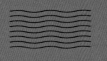

메타버스와
NFT

NFT 열풍을 이해하는 방법, 수집카드

국보이자 유네스코 세계기록유산인 훈민정음해례본에 대해 들어본 적이 있나. 한글의 제작 원리를 담은 책이 바로 훈민정음해례본이다. 글을 창제한 목적과 문자 운용법, 해설과 용례가 붙어있다. 그 자체로 한국의 대표 문화유산이다. 훈민정음해례본은 우리나라 최초의 미술관으로 불리는 간송미술관(보화각이 전신)에서 보관 중이다. 미술관의 주인인 간송 전형필은 일제강점기 때 전 재산을 털어 한국 문화재 1만여 점을 구입했다. 이때 가격을 매길 수 없는 보물로 꼽히는 이 훈민정음해례본을 겨우 구했다.

1940년에 전형필 선생이 해례본을 사들인 뒤 80여 년이 훌쩍 흐른 2021년, 간송미술관은 훈민정음해례본을 디지털 파일인 NFT로 만들었다. 100개 한정 수량이었다. 발행된 NFT는 001번부터 100번까지 고유번호가 붙었으며, 개당 가격은 1억 원이었다. 실제로 80개 이상이 팔렸다. 재정난을 겪던 간송미술관의 숨통이트였고, NFT로 벌어들인 돈은 훈민정음 보존에 쓰일 예정이다.

1억 원에 훈민정음해례본 NFT를 구매한 사람이 얻게 되는 것은 무엇일까? 훈민정음해례본의 사진 파일이다. 100개를 발행했으니, 훈민정음 사진 파일에 대한 100분의 1만큼 소유권을 주장할 수 있다. 그러나 책 실물에 대한 소유권을 주장할 수 있는 것은 아니다. 실물을 감상하거나 만져볼 수도 없다. 하지만 구매자는 우리나라 국보 NFT를 소유하게 됐다는 만족감을 얻게 된다. 한정판으로 희소성을 띠기 때문에 나중에 다시 팔 때 1억 원을 훨씬 상회하는 높은 가격이 매겨질 수도 있다. 재정난을 겪는 우리나라 최초의 미술관을 살리고 문화재 보존에 기여했다는 뿌듯함은 덤이다. NFT를 구매한다는 것은 딱 이 정도의 감각으로 보면 된다.

간송미술관의 NFT화 결정은 다소 의외라는 평가도 많았다. 1997년 정부는 문화유산의 해와 세종 탄신 600돌을 맞아 간송미술관에 원본 훈민정음 대여를 요청했으나, 미술관 측은 훼손 우려가 있다며 거절한 역사가 있다. 그러나 2016년에는 복제본(영인본) 제작을 허락했고, 5년이 지난 2021년에 들어서 NFT의 길을 개척한 것이다. 문화계 안팎에서는 문화유산을 NFT화하는 것에 대한 비판도 있었다. 하지만 김현모 문화재청장은 2021년 10월 국정감사에서 "국보 훈민정음해례본 NFT 제작이 문화재를 대중화한다"고 일축했다. 간송미술관은 차기 프로젝트로 국보 고려청자 상감운학문 매병 등 소장 문화재를 활용한 NFT 그림 카드를 만들 계획이다.

디지털 진품 보증서인 NFT

NFT는 블록체인 기술 기반의 진품 보증서다. 블록체인에 저장된 데이터 단위를 뜻하는 토큰 형태로 디지털 예술품과 비디오 소유권, 게임 아이템 등의 진품 여부를 보증한다. NFT가 적용된 토큰은 각각 고유한 값을 지닌다. 따라서 안정성과 희소성을 동시에 갖추게 된다.

NFT는 NFT로 만들려는 객체에 대한 정보가 담긴 메타데이터와 불법 복제를 방지하는 타임스탬프가 합쳐져 고유한 토큰 값이 생성된다. 디지털 콘텐츠에 진품 인증 딱지를 붙인 뒤 자유롭게 사고팔 수 있도록 하는 것이다. 현재 미술과 패션, 스포츠, 게임 등 분야 전반으로 확산되고 있다.

NFT를 제대로 이해하기 위해서는 암호화폐(가상자산)와도 비교할 수 있어야 한다. 대표적인 암호화폐인 비트코인을 떠올려보자. 비트코인은 국내외 거래소 가격이 미세하게 다를 순 있지만, 1비트코인은 어느 거래소에서 거래하더라도 1비트코인으로 거래할 수 있다. 비트코인의 가격은 변동이 있을 수 있지만, 다른 비트코인과 동일한 가치로 값이 매겨진다.

하지만 NFT는 재화별로 가격이 다르다. 일종의 수집카드라고 이해하면 된다. 수집카드는 수집카드 하나가 가진 역사성, 희소성

등에 따라 가치가 천차만별이다. NFT는 디지털 자산의 소유자가 누구인지를 증명할 수 있다는 점에서 그 자체로 희소성을 띤다. 인터넷 세계에서는 보통 동영상이나 이미지, 음악 파일이 무한복제가 된다. 따라서 희소성을 띠기가 힘들다. 물론 저작권은 보장되지만, 유튜브를 보다가 소장을 원하는 영상은 누구나 쉽게 다운받아서 복사해 소장할 수 있다. 대신 NFT는 디지털 장부인 블록체인에 저장되기 때문에 복제 자체가 안 된다. NFT가 적용돼 만들어진 이미지나 동영상, 음원 등 디지털 상품에 고유한 가치가 생기는 것이다. 콜렉터블 즉, 일종의 수집품이 된 것이라 투자자산으로서도 가치를 얻게 됐다. NFT가 높은 가격에 거래되는 원리다.

미술, 패션, 스포츠, 게임에 NFT가 뜬다

NFT 시장은 2017년 대퍼랩스Dapper Labs라는 회사가 개발한 가상 고양이 육성 게임인 〈크립토키티CryptoKitties〉로 시작됐다는 게 정설이다. 〈크립토키티〉는 서로 다른 생김새와 특성을 띠는 고양이를 서로 교배시키는 수집형 게임이다. 〈크립토키티〉 이용자들은 게임을 시작할 때 세상에 단 하나만 존재하는 고양이를 임의로 부여받는다. 이용자들은 고유의 일련번호를 부여받은 고양이를 가지고 교배를 시키거나 새끼를 낳는 등 고양이를 계속 만들어나간다.

y

© 크립토키티

2017년에 대퍼랩스가 개발한 가상 고양이 육성 게임 〈크립토키티〉

　세상에 단 하나밖에 없는 고양이라는 한정판 속성으로 사람들의 욕망을 끄는 데 성공했고, 이용자들은 가상 고양이를 수집하는 것에 점점 열광했다. 결국 투기 수요가 붙으면서 디지털 고양이는 고가에 거래되기 시작한다. 2018년에는 〈크립토키티〉의 이용자 중 한 사람이 드래곤이라는 고양이를 600이더리움에 구입하는 일도 있었다. 600이더리움은 2021년 11월 이더리움 시세 기준(560만 원)으로 33억 원이 훌쩍 넘는다.

　대중들의 레이더 밖에 있던 NFT는 2021년 테슬라 CEO인 일론 머스크의 아내 그라임스Grimes가 팔았다는 디지털 그림 얘기로 불이 붙었다. 그라임스는 NFT를 적용한 디지털 그림 10점을 무려 580만 달러(약 65억 원)에 팔았다. 작품이 완판되기까지 걸린 시간은 단 20분이었다. 그라임스가 온라인 경매에 올린 디지털 그림

178　　　　　　　　　　　　　　　　　　　　　　메타버스 3.0

© 라바랩스

NFT 미술품으로 가장 이름이 알려진 작품인 〈크립토펑크〉

컬렉션 10점의 제목은 〈위 님프War Nymph〉였다. 공개된 작품에는 날개 달린 아기 천사가 행성 주위를 도는 모습과 함께 그라임스가 만든 노래가 배경으로 깔렸다. 그라임스는 작품 속 아기 천사가 '신 창세기의 여신'이라고 설명했다. **단순한 그림 하나가 팔린 게 아니라, 작가가 부여한 스토리가 입혀진 그림에 음원까지 담긴 디지털 작품이 팔린 것이다.**

사실 NFT 미술품으로 가장 이름이 알려진 작품은 〈크립토펑크CryptoPunks〉라는 작품이다. 2017년 6월에 미국 소프트웨어 개발업체 라바랩스Larva Labs가 무료로 공개했다. 이 작품은 남성 6,039명과 여성 3,840명으로 이뤄진 1만 개의 디지털 화소 캐릭터로 구성돼 있다. 2021년 3월에는 〈크립토펑크 3100〉으로 이름 붙여진 작품이 무려 758만 달러(약 85억 원)에 거래됐다. 전 세계 미술계가 경악을 금치 못한 것은 당연한 일이었다. 실제로 만질 수 있는 실물이 아닌 디지털 작품 하나에 80억 원이 거래됐으니 미술계뿐만아니라 전 세계가 놀랄만한 일이었다.

하지만 80억 원대의 NFT는 놀랄만한 가격은 아니다. 그보다 10배 높은 가격에 팔린 작품도 있다. NFT를 기반으로 작품을 만드는 아티스트 중에 전 세계서 가장 유명한 사람은 비플Beeple이다.

비플이 2007년부터 매일 온라인에 게시해온 사진 5,000개를 모아 만든 콜라주 작품인 〈나날들: 첫 5000일Everydays: The First 5000 Days〉은 무려 6,930만 달러(약 820억 원)에 팔렸다. 이 작품을 구매한 NFT 펀드 운용사 창립자 메타코반(가명)은 "언제가 될지는 장담할 수 없지만, 이번에 낙찰받은 이 NFT 작품은 언젠가는 수십억 달러까지 가치가 뛸 것으로 생각한다"고 밝혔다.

이때 NFT 시장이 전형적인 거품이라는 비판이 터져나왔다. 미국 최대 외환증거금업체인 오안다Oanda의 에드워드 모야Edward Moya 선임 애널리스트는 "암호화폐 투자로 억만장자가 된 사람들이 똑같은 블록체인 기술이 활용되는 디지털 아트에도 자금을 넣고 있다"고 지적했다. 크립토커런시(암호화폐) 시장에서 이득을 본 이들이 더 큰돈을 집어넣으며 NFT 광풍을 불러일으키고 있다는 비판이었다(필자가 봤을 때도 합리적인 지적으로 보인다).

한편 미술품이 아닌 개인의 사진, 과거에 의미 있는 기록물들

메타버스 3.0

도 줄줄이 NFT화되는 분위기다. SNS 붐이 일어나는 기폭제가 됐던 트위터의 첫 게시물도 매물로 나왔다. 2006년 3월에 잭 도시Jack Dorsey 트위터 최고경영자는 "지금 내 트위터를 설정하고 있다just setting up my twttr"고 게시물을 썼다. 이 트위터의 첫 게시물이 NFT에 경매로 나왔고, 290만 달러(약 32억 7,000만 원)에 낙찰됐다.

스티브 잡스 애플 창업자의 입사지원서도 NFT로 발행됐다. 영국 런던의 기업가 올리 조쉬Olly Joshi가 마련한 경매에서는 1973년에 잡스가 직접 손으로 쓴 입사지원서를 디지털화한 NFT를 내놨다. 잡스의 수기 입사지원서 NFT도 2만 3,000달러(약 2,630만 원)에 팔렸다.

컬렉터블 수집품에 최적화된 NFT

NFT에 환호하는 지금의 분위기가 비이성적으로 느껴지고, 잘 이해가 가지 않는다면 미국 최대 서브컬쳐 문화인 수집카드 시장에 대한 얘기를 해보겠다.

미국에는 자신이 좋아하는 스포츠 선수의 카드를 수집용으로 모으는 문화가 있다. 이 문화는 자금, 뽑기 운, 노력 등 복합적인 요소가 버무려져 있다. 미국인들은 미국 프로야구MLB가 시작된 이후 현재까지 100여 년간 가장 좋아하는 취미로 야구카드 수집을 꼽고 있다.

야구카드는 비닐봉지에 밀봉돼 있다. 카드에는 제조회사의 제품번호가 적혀 있는데, 이를 통해 진품 여부를 바로 확인할 수 있다. 카드의 선수가 인기가 많을수록, 발행된 때가 더 예전일수록, 카드 보관상태가 더 좋을수록 비싸게 거래된다.

1909년에 만들어진 MLB 선수 호너스 와그너Honus Wagner 카드는 무려 660만 달러(약 77억 원)에 팔렸다. 카드값이 비싸게 형성되는 이유는 MLB의 역사가 고스란히 담겨 있기 때문이다. 미국에서 야구의 존재는 어떤 스포츠보다 특히 독보적인 위치이고, 스포츠카드를 사고파는 시장은 야구 역사가 길어질수록 사이즈가 점점 커져왔다.

미국 프로농구NBA의 농구스타 르브론 제임스LeBron James의 카드도 역사적인 가격을 기록했다. 2021년 4월 제임스의 농구 카드는 수집용 카드 거래 사이트인 PWCC 마켓플레이스에서 520만 달러(약 57억 7,000만 원)에 거래됐다. 제임스의 카드는 99장밖에 발행되지 않은 한정판이었는데, 데뷔 시즌(2003~2004년)인 클리블랜드 캐벌리어스Cleveland Cavaliers 소속이었을 당시 제임스의 사인까지 담아 만들었다. 데뷔 시즌에 발행한 한정판 카드에 제임스의 성공적인 기록들이 더해지며 가격이 비싸졌다.

미국의 3대 스포츠 중 하나인 미국 프로풋볼NFL에도 수집카드가 있다. NFL 사상 최고의 쿼터백으로 꼽히는 톰 브래디Tom Brady

의 카드도 2021년 4월에 225만 달러(약 25억 원)에 팔렸다.

스포츠 분야의 수집카드 시장은 곧 NFT 세계로 이어진다. 한 정판의 희소성에 기반한 수집카드 시장이 이미 형성돼 있기 때문에 스포츠 선수들의 카드나 경기 활약상 등을 기반으로 한 NFT를 만들기가 용이했던 것이다.

미국 프로농구협회가 운영하는 NBA탑샷은 전 세계서 대표적인 NFT 플랫폼 중 하나다. NBA탑샷은 농구를 테마로 한 수집품을 판매하는 NFT 플랫폼인데, NFT 거래가 가장 활발하게 이뤄지는 곳이다. 농구스타 르브론 제임스의 경기 하이라이트 영상 NFT는 20만 8,000달러(약 2억 3,500만 원)에 거래됐다. 마켓데이터 분석 플랫폼 댑레이더에 따르면 NBA탑샷은 2021년 2월 전체 NFT 시장에서 판매된 물량의 65%를 차지했고, 매출액만 2억 2,500만 달러(약 2,540억 원)를 훌쩍 넘었다.

전 세계서 가장 팬이 많은 스포츠인 축구를 기반으로 NFT 사업을 펼치는 곳도 있다. 축구 NFT의 대표주자는 소레어Sorare다. 2021년 9월 소레어는 무려 6억 8,000만 달러(약 8,065억 원)를 유치했다. 유명 축구 선수인 잉글랜드 전 국가대표 리오 퍼디낸드Rio Ferdinand나 FC 바르셀로나 선수였던 헤라르드 피케Gerard Pique도 이 회사에 투자했을 정도다.

2018년 파리에서 설립된 소레어는 게임 이용자가 축구 선수를 대표하는 공식 라이선스 카드를 구매하고, 실제 게임에서 선수들의 기량 및 성과를 기반으로 한 팀을 꾸릴 수 있도록 하는 온라인 게임을 운영한다. 이때 공식 라이선스 카드가 NFT 형태로 거래가 이뤄진다. 지금까지 가장 고가에 판매된 NFT는 맨체스터 유나이티드 선수인 크리스티아누 호날두Cristiano Ronaldo 카드다. 2021년 3월에 28만 달러(약 3억 3,200만 원)에 거래됐다.

축구 선수의 유명세에 따라 카드 가격이 천차만별이다. 때문에 이용자들은 앞으로 스타가 될 가능성이 높은 카드를 골라 저렴하게 구입하고자 한다. 나중에 구입한 카드의 선수가 슈퍼스타로 자리매김할 때 해당 선수의 NFT 라이선스 카드 가격이 천정부지로 치솟아 있을 것이다.

NFT 붐을 일으킨
암호화폐 열풍

흔히 웹브라우저 혹은 웹주소라고 할 때의 웹은 인터넷 주소를 검색할 때 맨 앞에 붙는 WWW(월드와이드웹)를 의미한다. 전 세계 사람들이 정보를 공유하는 인터넷 공간이다. 1989년에 이 웹 공간을 처음 구상하고 만들었던 사람은 영국의 컴퓨터 과학자 팀 버너스리Tim Berners-Lee였다. 그는 유럽입자물리연구소CERN에서 근무할 때 서로 흩어져 저장된 데이터와 정보를 쉽게 찾는 검색 시스템을 연구했고, 결국 월드와이드웹 기술을 개발했다.

2021년 6월, 버너스리는 무려 30년이 된 이 기술의 최초의 소프트웨어 설계도(소스 코드)를 NFT로 만들고 경매에 부쳤다. '이것이 모든 것을 바꿨다This Changes Everything'는 제목의 NFT는 검은 컴퓨터 화면에 1만여 줄의 코드를 입력하는 모습을 촬영한 30분짜리 동영상과 소스 코드, 디지털 포스터, 자신의 편지를 포함했다. 전 세계 인터넷의 시작인 웹을 NFT로 만들었다면 얼마에 팔렸을까? 무려 65억 원이었다(팔렸다 하면 억 소리 나는 가격이 이제는 식상할지도 모르겠다).

월드와이드웹 NFT가 팔렸다는 소식이 전해지자, 사람들은 "공공성을 띤 웹을 팔았다"며 버너스리를 비난했다. 버너스리는 "웹이나 소스 코드를 판매한 게 아니다. 웹의 근원을 담아낸 것"이라고 반박했다. 물론 버너스리는 월드와이드웹 기술을 처음 만든 1989년에도 이 소스 코드를 누구나 사용할 수 있도록 무료로 공개했고, 특허 등록도 하지 않았다. NFT로 발생한 수익도 가짜 뉴스 퇴치 운동 등에 쓸 것이라 설명했다.

이더리움 인기서 시작한 NFT 열풍

2021년에 일어난 NFT 열풍은 다시 찾아온 암호화폐의 붐과 연동돼 있다. 2021년 초부터 다시 강세를 보인 암호화폐 가격은 NFT 붐을 만들어냈다. 2017년 이후 서서히 생태계로 자리 잡고 있던 크립토 커뮤니티가 암호화폐 가격의 상승을 이뤄냈다고도 볼 수 있다. 닭이 먼저냐, 달걀이 먼저냐는 중요하지 않다. 크립토 커뮤니티와 NFT가 동시에 성장하고 있었던 것은 틀림없다.

특정한 디지털 재화를 NFT화할 때는 대부분의 경우 이더리움 네트워크를 이용해 만든다. 2021년 이더리움의 가격은 전년대비

© NBA탑샷

농구선수 르브론 제임스 NFT를 판매하고 있는 NFT 거래소 NBA탑샷

1,000% 이상 급등했다. 즉, 암호화폐를 대량으로 소유한 사람을 뜻하는 이른바 고래들의 개인 자산 가치가 일제히 상승했고, 자산이 늘어난 고래들은 더 많은 NFT를 구매하면서 큰 금액을 지출하는 자산 효과가 발생하고 있다는 것이다. 암호화폐 시장의 초창기 멤버들은 기본적으로 크립토 시장이 계속해서 성장할 것이라는 절대적인 믿음이 있다. 이 시장에 대한 믿음은 일론 머스크가 비트코인으로 테슬라 자동차를 구매할 수 있도록 하고, 비트코인 기반의 ETF 금융상품이 만들어지는 등 실물 금융의 경계로 암호화폐의 세계가 더 가까워지면서 한층 강화됐다. 암호화폐를 과세하려는 움직임은 허상으로 치부되던 가상경제를 실물의 영역으로 이끌어왔다. 이 같은 일들이 모두 2021년 1년 사이에 벌어졌다.

결과적으로 **크립토 커뮤니티의 끈끈함과 암호화폐의 사회경제적 지위의 변화가 NFT 가격 상승에 가장 큰 영향을 미치고 있는 것이다.** NFT가 작동되는 크립토 업계의 정서에 따르면 비싼 가격의 NFT를 보유한 것은 곧 커뮤니티에 자랑거리가 된다.

블록체인 투자사 해시드의 김성호 파트너도 자신의 페이스북에 비슷한 글을 올린 적이 있다. 2017년부터 업계에 몸담은 그는 이 업계야말로 진정한 커뮤니티의 성격을 띤다고 했다. 김 파트너는 "크립토 커뮤니티는 공동체 의식을 느끼고, 비슷한 태도, 관심사, 목표를 공유하는 정의에 아주 잘 들어맞는 공동체"라며 "기존의 경제, 사회시스템을 개혁하고 더 공정한 사회를 만들 수 있는 기술이 블록체인이고, 이것을 마치 종교처럼 믿는 집단이 크립토 커뮤니티"라고 정의했다.

특히 NFT를 구매하는 행위가 자기표현이고 커뮤니티의 일원임을 재확인하는 행위라고 규정했다. 김 파트너는 "자기표현을 통해 커뮤니티와 교감을 하고 자신이 커뮤니티의 일원임을 재확인한다. 자신의 이런 행위가 다른 사람들도 비슷한 행위를 하도록 자극시킨다"며 "이런 움직임이 재미있게 느껴지면 더 자극적이고, 규모가 큰 행위들을 하기 시작한다"고 덧붙였다. NFT에 대한 관심과 가격의 상승이 왜 일어났는지 가늠할 수 있는 대목이다.

정리해보면, '특정 커뮤니티 내부에서만 공유되는 희소성 등 가치에 의해 NFT 재화가 교환된다 → NFT를 주고받는 생태계 안에서 가치가 점차 인정받기 시작한다 → 관심도가 높아지고 거래 규모가 커지면서 외부의 돈이 들어온다 → NFT가 돈이 된다는 믿음에 투기수요가 붙고, 가격이 천정부지로 뛴다'의 과정으로 발전하는 것이다. **매우 비싼 재화를 소유하고 인증할 수 있음에서 오는 만족감으로 시작했던 NFT 열풍이 일어났고, 현재는 향후에 더 높은 가격에 되팔며 큰 이득을 얻을 수 있다는 기대감으로 NFT가 거래되고 있다는 얘기다.**

이 시장이 실제로 가치가 있는 것이냐 없는 것이냐의 문제로 받아들여서는 곤란하다. 가치가 있는 사람에게는 가치 있어 보이고, 가치가 없어 보이는 사람에게는 가치가 없어 보인다. 하지만 중요한 것은 실제로 우리가 쓰는 돈으로 곧바로 바꿀 수 있는 경제적 가치를 지닌 재화가 거래되고 있다는 사실이다.

특히 NFT 시장은 2021년 이후 더 빠른 속도로 확장되고 있다. 댑레이더에 따르면, 2021년 1분기 전 세계 NFT 거래액은 12억 달러(약 1조 4,400억 원)로 2020년 거래액인 9,486만 달러(1,123억 원)를 훌쩍 뛰어넘었다. 2021년 1분기에 1조 원 수준이었던 거래액은 3분기에 들어서면서 NFT 역사상 최고치인 12조 원 수준을 달성하기도 했다.

여기서 잠깐. 이쯤 되면 NFT가 세상에 출현해 이름을 알리기 시작한 해가 2017년이라는 것에 다시금 놀랄지도 모르겠다. 2017년 말 한국에서는 암호화폐 붐이 일었다. 2017년 12월 중순에 비트코인 가격이 2,000만 원을 넘으며 새로운 기록을 써 내려갔다. 그리고 2021년 이후로 NFT가 이름을 떨치고 있는 지금은 비트코인 가격이 8,000만 원을 넘어섰다. NFT와 암호화폐의 떼려야 뗄 수 없는 관계, 느낌이 오는가?

NFT 작품을 사고팔 수 있는 거래소

• 클립 드롭스

NFT로 작품을 만들 때 우리가 접근하기 쉬운 곳은 바로 카카오의 블록체인 기술 계열사 그라운드X가 만든 경매 서비스인 클립 드롭스다. 카카오 측은 특금법(특정금융거래정보의보고 및 이용 등에 관한 법률) 문제 때문에 실제로 클립 드롭스를 경매가 일어나는 곳이라 정의하고, 거래소라고 표현하지는 않는다. 가상자산 즉, 암호화폐와 NFT가 같다고 정의 내리면 특금법상 과세의 대상이 되기 때문이다(아직은 한국 정부의 NFT에 대한 법적 정의가 완비되지 않은 상태다. 애초 2022년부터 과세하기로 했던 암호화폐의 과세 시점도 1년 유예됐다).

클립 드롭스는 NFT 기반 디지털 아트를 구매할 수 있는 서비스다. 카카오가 밀고 있는 가상자산 클레이에 대한 진입장벽이 높음에도 서비스에 대한 인기가 높다. 디지털 아트를 구매하기 위해서는 클레이가 상장된 가상자산 거래소에 가입해 클레이를 구입하고, 이를 카카오의 가상자산 지갑인 클립으로 전송해놔야 한다.

클립 드롭스에서는 현재 직접 작가 한 명을 선별해 작품의 경매
(단일에디션)와 고정가 판매(멀티에디션)를 매일 진행하고 있다.

• 업비트 NFT

암호화폐 거래소 업비트의 운영사 두나무는 2021년 11월에
NFT 거래 플랫폼 업비트 NFT 베타를 출시했다.

업비트 NFT 베타는 검증된 NFT를 경매하는 드롭스와 이용자
가 소장한 NFT를 다른 이용자와 상호 거래하는 마켓플레이스로
구성된다. 드롭스에서는 창작자들이 발행한 NFT를 낮은 가격부
터 호가를 올려가며 경쟁하는 잉글리시옥션(경매) 방식과, 이와 반
대로 높은 가격에서 낮은 호가로 내려가는 더치옥션 방식으로 판
매한다.

업비트 NFT는 첫 드롭스 경매에서 유명 아티스트 장콸의 순수
미술작품 NFT를 잉글리시옥션 형태로 진행했다. 장콸의 〈미라지
캣Mirage cat3〉 경매는 24시간 동안 진행됐는데 3.5098BTC(비트코인)
에 낙찰됐다. 해당 작품의 시작 호가는 약 300만 원 수준이었는데,
80배 높은 낙찰가인 2억 5,000만 원 수준으로 거래됐다.

• 오픈씨OpenSea

전 세계 최대의 NFT 거래소다. 모든 종류의 NFT가 있고, 누구
나 NFT를 발행하고 거래할 수 있다. 오픈씨는 2017년 핀터레스

트Pinterest 출신 데빈 핀저Devin Finzer와 알렉스 아탈라Alex Atallah가 창업했다. 2021년 8월에는 한 달 동안 30억 달러(약 3조 5,500억 원)어치의 NFT를 거래해 역대 최고 거래량 기록을 경신했다. 오픈씨의 초기 이름은 이더베이Etherbay였다. 이더리움과 이베이를 합성한 단어로, NFT 세계에서 이베이가 되겠다는 포부였다.

오픈씨의 판매 방식은 크게 세 가지다.

#고정가 구매 Fixed-price listings 일반적인 오픈마켓 쇼핑처럼 고정가로 NFT를 구매한다.

#가격 하락 방식 구매 Declining-price listings 거래 종료 기간에 가까워질수록 가격이 점차 하락한다. 판매자가 반드시 판매하겠다는 의지가 뚜렷할 때 사용한다. 늦게 구매할수록 더 저렴한 가격에 구매할 수 있지만, 다른 구매자가 먼저 구매해버릴 수 있다.

#경매방식 Highest-bid auctions 가장 높은 가격을 제시한 사람이 낙찰받는 경매 방식이다.

- **슈퍼레어**SuperRare

2018년 4월에 미국 시장을 대상으로 설립된 이더리움 기반 NFT 아트플랫폼이다. 슈퍼레어는 깐깐한 큐레이팅으로 이름이 알려져 있다. 작품당 단 1개의 NFT 토큰만을 판매하고 있다. '최고로 희귀하다'는 이름처럼 특별한 아이템이 많다. 비결은 아티스트를 직접 검증하고 선별하는 것이다. 이른바 퀄리티 컨트롤을 중요시하는 만큼 작품당 평균 단가도 2,000만 원 수준으로 보장된다. 국내 대표 NFT 작가인 미스터미상Mr. Misang도 이 플랫폼을 통해 작품을 선보이고 있다.

슈퍼레어는 설립된 첫해에 월평균 8,000달러(약 950만 원)의 매출을 기록했다. 2021년에는 월평균 매출이 2,500만 달러(약 296억 원)로 급증했다. 삼성전자의 해외 투자 유닛인 삼성넥스트도 이 플랫폼의 가치에 주목해 2021년 3월에 시리즈A 펀딩 투자에 참여했다. 삼성넥스트는 "슈퍼레어가 새로운 방식의 디지털 아트 시장을 개척했다. 오랜 기간 불투명하고 독점적인 구조로 유지됐던 미술 시장이 슈퍼레어가 구축한 플랫폼을 통해 민주화되고 있다"고 밝혔다.

• 니프티 게이트웨이Nifty Gateway

신용카드 거래가 가능한 니프티 게이트웨이에서는 크립토 커뮤니티에서 가장 유명한 비플의 작품이 자주 거래된다. 비플은 〈나날들: 첫 5000일〉을 그린 작가다. 일론 머스크 아내인 그라임스의 작품 10점도 니프티 게이트웨이에서 판매되면서 다시 거래소의 이름을 알렸다. 2021년 4월에는 블록체인판 〈마인크래프트〉를 지

향하는 게임 플랫폼 〈더 샌드박스〉의 NFT 기반 프로젝트에 합류해 이 플랫폼의 가상공간인 랜드LAND에 투자하기도 했다. 랜드는 〈더 샌드박스〉 게임의 가상공간 NFT다. 랜드를 보유한 이용자는 그 위에 직접 만든 게임을 올리거나, 다른 이용자들에게 랜드를 임대해 수익을 얻을 수 있다.

누구나 쉽게 만들고 판매하는 NFT

특정한 디지털 파일을 NFT로 만드는 작업을 민팅Minting이라고 한다. 이 작업을 하려면 비용이 발생한다. NFT는 이더리움의 ERCEthereum Request for Comment-721 블록체인 기술을 기반으로 발행된다. 따라서 이더리움 기술을 사용하는 대가를 지불해야 한다. 이것을 가스 피Gas fee라고 한다. NFT화를 위해서는 먼저 가스 피를 내야 한다.

거래소에서는 당연히 거래수수료를 낸다. NH투자증권이라는 플랫폼을 이용해 주식매매를 했을 때 수수료를 내는 것과 같다. 거래소마다 수수료 부과 비율은 다르다. 전 세계서 가장 활성화된 거래소인 오픈씨의 판매 수수료는 거래당 2.5%다.

제작자가 수수료를 설정할 수도 있다. NFT를 만든 제작자가 받는 금액이다. 작품이 거래될 때마다 제작자는 자신이 책정한 수

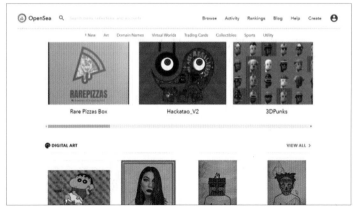

전 세계 최대 **NFT** 거래소인 오픈씨

수료를 받을 수 있다. 만약 제작자가 3.5%의 수수료를 책정한 작품 하나가 오픈씨에 올라갔다고 가정해보자. 이때 NFT가 100이더리움에 홍길동에게 팔렸다. 홍길동이 이 NFT를 재판매하면, 94이더리움은 홍길동이 받게 된다. 하지만 3.5이더리움은 3.5% 수수료를 책정했던 제작자가 가져가고, 거래소인 오픈씨는 판매 수수료인 2.5이더리움을 가져가게 된다.

NFT는 누구나 쉽게 만들고 판매할 수 있다. 하지만, 누가 만들었고, 누가 파느냐의 두 가지 대원칙이 가장 중요하다. 유명한 사람이 신뢰할 만한 공간에서 파는 NFT의 가치는 당연히 높을 수밖에 없다. 필자가 지금 당장 클립드롭스에 접속해 NFT를 만든다면 아무도 구매하지 않을 것이다. 하지만 필자의 미래 성장성을 살펴보고 필자가 만든 NFT를 미리 구매해서 버티면, 필자의 가치가 높아졌을 때 NFT는 엄청난 가치를 지닌 재화로 훅 뛰어올라 있을 것이다. 가상 수집카드라는 개념에 NFT의 특징이 딱 들어맞는다.

앞서 NFT는 누구나 쉽게 만들고 판매할 수 있다고 설명했다. 내가 가진 디지털 파일을 NFT로 만든다고 가정해보자. 필자가 입사해서 처음으로 쓴 온라인 기사를 NFT로 만들고 싶다. 이때 필요한 준비물은 NFT화를 할 디지털 파일과 민팅을 하기 위해 지급할 이더리움이다. NFT 플랫폼에서 '만들기' 배너를 누르면 제작과 관련한 화면이 뜬다. 내가 NFT화 하고 싶은 파일을 업로드하고 제작 버튼을 누르면 NFT파일이 생성된다. 그다음으로 거래소에 내가 만든 NFT를 등록하면 판매가 이뤄진다.

이때 생성 방식을 선택해야 한다. 싱글single과 멀티플multiple 중에 하나를 선택할 수 있는데, 싱글은 NFT 작품 하나만을 만든다. 멀티플은 다수 작품을 생성한다. 싱글 형태로 만들어진 NFT는 경매에 붙여지고, 멀티플 형태의 작품은 제작자가 책정한 가격에 맞춰 판매된다. NFT 개수가 많으면 희소성이 떨어지는 대신 유통량이 많기 때문에 많은 거래가 일어난다.

필자의 온라인 기사 하나를 100개의 NFT로 판매할 수도 있고, 단 한 개의 NFT로 발행할 수도 있다. 100개로 만든다면 A1부터 A100까지 고유번호가 다른 NFT가 발행된다. 훈민정음해례본도 이 같은 방식으로 만들어졌다.

소유권은 있지만
저작권은 없는 NFT

2021년 6월에 미술계에서 꽤 유명한 해프닝이 있었다. 〈황소〉 그림으로 유명한 작가 이중섭, 〈두 아이와 두 엄마〉 그림의 작가 박수근, 〈전면점화-무제〉로 알려진 작가 김환기의 작품을 NFT로 발행한다는 얘기가 떠들썩하게 보도됐다. 그런데 보도가 이뤄진 뒤, 단 하루 만에 작품 경매가 취소됐다는 소식이 전해졌다. 저작권 논란이 일어났기 때문이다. 박수근 작가의 유족과 환기재단 등 작품의 서작권자들은 "저자권 협의가 이뤄지지 않았다"고 반발했다.

경매를 계획한 워너비인터내셔널은 "3대 거장의 NFT 작품 경매 출품은 진위 논란과 저작권 관련 논의가 철저히 확인되고 정리될 때까지 진행하지 않기로 했다"며 사과 입장을 냈다.

이번 해프닝은 본인이 직접 만들지 않은 재화라고 하더라도, 제3자가 NFT화해서 판매할 수 있다는 사실에서 나온 문제였다. 게다가 NFT를 사서 소유하는 게 곧 저작권도 함께 가지는 게 아

그라임스가 약 65억 원에 판매한 디지털 그림 컬렉션 〈워 님프〉 중 한 그림

니라는 점에서 비롯하기도 했다.

소유권 증명이 쉬운 NFT

NFT는 그 속성 자체로 사고팔기가 용이한 특징을 가졌다. 첫째, NFT의 소유권을 증명하기 쉽다. 블록체인의 데이터는 공개적이고 투명하다. 따라서 누구나 NFT의 출처와 발행 시간, 발행 횟수, 소유자 내역 등 정보를 볼 수 있다. 추적하기가 쉽다는 것이다. NFT에 기록된 모든 거래 내역은 이더스캔Etherscan이라는 사이트를 통해 검색할 수 있다.

둘째, 복제가 어렵기 때문에 희소성을 보장할 수 있다. 즉, 위조품으로 가치가 무너지는 일을 방지한다. 셋째, 쉽게 분할할 수 있다. 부분에 대한 소유권을 인정해 하나의 토큰을 여러 개로 나눠 거래할 수 있다. 이를 통해 시장의 순환도 증가한다. 넷째, 시·공간을 뛰어넘어 운용될 수 있다. 특정한 게임 아이템이 NFT로 만들어지면 플레이어는 아이템의 진정한 소유권을 얻게 되고, 오랜 시간이 지나도 해당 아이템의 가치는 사라지지 않는다.

NFT를 둘러싼 궁금증들

NFT는 아직 거래와 관련된 가이드라인이 없다는 점에서, 법적 분쟁이 벌어질 소지가 크다. 특히 NFT 시장이 갑자기 커지면서 저작권자의 동의 없이도 예술 작품을 무단 도용하는 사례가 빈번하세 늘었디. 저작권 침해 논란이 벌어지는 것이다. NFT를 둘러싼 궁금증을 질의응답으로 풀어보자.

• NFT를 구매하면 자유롭게 변형해 사용할 수 있나?

일부 NFT 마켓 플랫폼은 NFT를 한번 구매하고 나면 구매자 마음대로 상업적으로 사용할 수 있는 것처럼 홍보한다. 하지만 NFT를 구매하면 해당 토큰에 대한 소유권은 얻게 되지만, 작품에 대한 저작권을 보유하게 되는 것은 아니다. 따라서 마음대로 작품을 변형할 수 없다. 단, 본인이 소유한 디지털 재화를 NFT로 만들어 스스로 변형하는 것은 문제없다. 내가 가진 저작권에 기반해 내가 원하는 대로 작품을 바꾸는 것이기 때문이다.

이중섭 작가가 그린 실제 〈황소〉 작품을 미술관에서 구매한다고 가정해보자. 〈황소〉를 구매하는 나는 작품에 대한 소유권을 사는 것이지, 저작권을 사는 것이 아니다. 내가 〈황소〉 작품을 구입하고는 NFT화해서 판매하겠다고 나선다고 하면, 나는 이중섭 작가의 유족이나 관련 재단 등 저작권자에게 동의를 구해야 한다. 한국 현행법상 작품의 저작권 보호 기간은 저작자가 살아 있는 동안과 사망 이후에도 70년간 유지된다.

• NFT 거래는 원작의 저작자만 가능한 것인가?

저작권자가 아닌 사람들도 타인의 저작물을 거래할 수 있다. 위법이 아니다. 다만 NFT를 거래하기 위해 저작권자가 아닌 타인이 저작물의 이미지를 거래소 플랫폼에 업로드하면 복제권과 전송권의 침해가 발생할 수 있다. 문제를 일으키지 않기 위해서는 원저작권자와 함께 계약 조건을 정하고 나서 NFT화하고 판매하면 된다.

• NFT 작품은 진품이 포함된 것인가?

NFT에는 작품에 대한 메타데이터가 저장돼 있다. 실제 작품을 포함한 게 아니다. 훈민정음해례본을 NFT로 만들어도, 원본은 간송미술관에 그대로 있다. 훈민정음해례본을 구매하는 게 아니라, 훈민정음해례본의 NFT를 구매하는 것이다. 메타데이터에는 작품명, 작가명, 계약 조건 등 작품과 관련한 세부 내역들이 적혀있을 뿐이다.

• 이더리움이 아닌 다른 네트워크를 활용해 NFT를 만들 수 있나?

NFT 거래소가 늘면서 해당 거래소에서 쓰는 NFT 기반이 무엇인지 확인하는 것도 중요하다. 이더리움이 전 세계 NFT 시장의 기반 네트워크로 가장 많이 쓰이고 있지만 카카오의 클레이튼 네트워크 기반 NFT도 있다. 다만 이름이 잘 알려지지 않은 네트워크 기반의 NFT를 구매할 때는 신중할 필요가 있다. NFT를 적절한 시점에 거래할 계획이라면 더욱 신중해야 한다. 네트워크 기반 자체가 약하다면 나중에 거래가 불가능해지거나 현금화가 어려워질 수 있다. 암호화폐 거래소에서 하루가 멀다 하고 상장 폐지되는 암호화폐가 나오는 것과 마찬가지다. 정말로 눈에만 담는 NFT를 만들고 싶지 않으면 유명한 네트워크 기반의 NFT를 구매해야 한다.

• NFT가 환경친화적이지 않다는 얘기도 있던데?

맞다. NFT 자체로 환경진화척이지 않다. 실제 암호화폐 거래 1건은 신용카드 거래 70만 건에 해당하는 에너지를 소비한다. NFT는 생성과 구매, 판매, 재판매, 저장의 모든 단계에서 암호화폐를 거래하는 수준의 에너지가 필요하다. 재화 자체가 환경친화적이지는 않다.

• NFT는 암호화폐처럼 과세 대상인가?

NFT에 대한 정의를 어떻게 내릴 것인지에 대해 갑론을박이 있다. 하지만 최근 분위기는 암호화폐와 같은 종류로 분류하는 분위기다. 특금법상 암호화폐(가상자산)는 '경제적 가치를 지닌 것으로서 전자적으로 거래 또는 이전될 수 있는 전자적 증표'로 정의한다. NFT는 이 같은 정의에 부합한다. 따라서 NFT를 거래하고 경매하고 판매하는 플랫폼은 법 정비가 완료되면 특금법에 따른 사업 신고 절차를 거쳐야 한다. 통상 특금법에 따른 사업 신고 절차 자체가 복잡하고 비용과 기간이 많이 소요된다는 점에서 사업의 존폐가 위태로워질 수 있다. NFT가 암호화폐에 포함될 경우 2023년 1월 1일부터 양도·대여 소득의 20%를 세금으로 내게 된다. 1년에 250만 원까지 비과세가 적용된다. 거액의 NFT 매매 이후에 상당액을 세금으로 내야 하는 일이 생길 수 있다.

필자는 **NFT도 사실상 암호화폐로 분류해야 한다는 입장이다.** 암호화폐 사업을 하는 기업에 대해선 투기를 하는 것으로 여기는 반면, NFT 사업을 하는 회사들은 메타버스에 뛰어들었다고 인식하는 사람들이 많다. 사실 투기와 투자는 한 끗 차이이고, 모두 지금보다 더 나은 가치를 만들기 위한 행동이다. **넥슨이 비트코인을 대량 매수한 것은 투기이고, 하이브가 NFT 사업에 뛰어든 것은 투자나 혁신이라고 무 자르듯 나눌 수 있는 게 아니라는 얘기다.**

NFT 발전과 연동된 이더리움의 가치

NFT에 주로 사용되는 기술은 암호화폐 이더리움 네트워크 기반 기술이다. 이더리움 생태계의 코인인 이더ETF를 지급해 NFT를 구매할 수 있도록 한 것이다. 이더리움은 특정 조건이 충족될 때 자동으로 계약이 체결되는 스마트 계약(스마트 컨트랙트)을 구현할 수 있다. 스마트 계약 기능을 탑재한 이더리움은 다양한 프로그램과 코인을 만들 수 있다는 점에서 확장성이 크다.

스마트 계약을 활용하면 두 당사자가 서로를 모르고 신뢰하는 관계가 아니라도 계약을 체결할 수 있다. 중개인이 없어도, 특정 조건이 충족할 때 계약이 실행되기 때문이다. 따라서 일정 금액을 지급하거나, 기존의 금융권과 같은 대리가 없어도 담보 대출 서비스를 제공할 수 있다. 예를 들어 게임 아이템을 스마트 계약으로

NFT를 만들 때 주로 쓰이는 이더리움 네트워크

© 픽사베이

구현한 뒤 이용자의 소유권을 증명할 수 있다면 아이템 거래가 손쉽게 이뤄질 수 있다. 내가 팔고 싶은 아이템은 거래소를 통해 쉽게 내놓고, 누군가가 내놓은 아이템은 쉽게 얻을 수 있게 된다.

NFT는 2021년에 한 번 더 성장할 수밖에 없는 모멘텀을 얻었다. 2021년 8월에 이더리움 네트워크가 런던 하드포크London hard fork라는 대규모 업데이트를 통해 한 번 더 진화했기 때문이다. 포크는 블록체인을 업데이트한다는 의미다. 업데이트 내용의 핵심은 이더리움 가스 피 체계를 손본 것이다. 기존의 수수료 개념을 기본과 우선 수수료로 나누어, 기본 수수료는 없애버리고 우선 수수료만 채굴자들에게 부담 지웠다. 없앤 정도의 기본 수수료만큼 이더리움 공급량이 줄어들게 돼서 이더리움의 희소성은 더욱 커

메타버스 3.0

졌다. 또 수수료 부담도 줄어들었다.

쉽게 말해, 지금까지 이더리움의 수수료 때문에 아직 NFT로 디지털화하지 못하고 있던 각종 작품과 아이템 등 재화들이 차례로 NFT가 될 가능성이 커진 것이다. **이더리움의 발전은 곧 NFT의 발전을 의미한다. NFT가 발전할수록 이더리움 생태계도 함께 커진다. NFT와 암호화폐 생태계는 서로 영향을 주고받으며 성장하는 관계로 자리매김하고 있다.**

NFT 열풍에 함께 뜨는 탈중앙화 금융 디파이

NFT와 함께 거론되는 단어 중에 디파이도 있다. 탈중앙화 금융Decentralized Finance의 약자다.

디파이를 이해하기 위해서는 암호화폐 세계의 출현에 대해 간략하게 이해해야 한다. 1세대 암호화폐인 비트코인을 창시한 사람으로 알려진 사토시 나카모토中本哲史는 비트코인을 탈중앙화된 화폐로 정의했다. 누구도 신뢰할 필요가 없는 완벽하게 분산화된 통화가 곧 비트코인이었다.

화폐는 보통 화폐의 가치를 보장해야 할 중앙은행의 보증이 필요하다. 가령 신사임당이 그려진 5만 원짜리 화폐를 우리 모두가 5만 원의 가치가 있다고 인정하는 것은 대한민국의 중앙은행인 한국은행이 가치를 보장하기 때문이다.

하지만 사토시는 정부와 금융기관 등 기성의 권력을 불신했다. 새로운 경제 질서를 세우기 위해 정부의 통제가 필요 없는 완벽하게 분산된 탈중앙화된 암호화폐를 꿈꿨다. 그게 바로 비트코인이다. 비트코인은 2140년까지 2,100만 개가 생산되면, 더 이상 생산이 불가능하게 설계됐고, 외부에서 개입할 수도 없다. 비트코인은 2013년에 시가총액 10억 달러(약 1조 1,840억 원)를 달성하고, 덩치가 급격하게 불어나면서 2021년에 1,300조 원의 시가총액을 달성했다.

하지만 탈중앙화라는 특성은 테러 집단, 마약 조직 등이 비트코인을 이용해 음성적인 부를 늘리도록 방치했고, 결국 제도권으로 안착시키기 위한 중앙 정부들의 노력이 시작된다. 대표적인 나라가 미국이다. 미국 금융당국은 기존 금융 생태계에 암호화폐가 위협의 대상이 되지 않도록 기업과 기관이 관련 산업에 뛰어들 수 있는 토대를 마련하기 시작했다. 미국 1위 암호화폐 거래소인 코인베이스Coinbase가 나스닥에 입성한 것이 대표적인 사례다.

이처럼 지금의 암호화폐 거래소는 중앙정부의 통제하에 관리되는 금융이라는 점에서 시파이CeFi로 불린다. 현재 암호화폐 거래소들에서 거래를 하기 위해선 회원가입, 본인인증, 계좌 등록 등 다양한 단계를 거쳐야 한다.

반면 이 같은 시파이에 대척점에 있는 게 바로 디파이다. 코인

메타버스 3.0

을 활용한 탈중앙화된 금융 서비스인데, 아직 극초기 시장이다. 인터넷 연결만 가능하면 블록체인 기술로 다양한 금융 서비스를 제공하는 방식이다. 기존의 금융은 은행과 같은 금융기관을 거쳐야만 결제와 송금, 예금, 대출, 투자 등 거래가 이뤄진다. 반면에 인터넷 연결만 가능해도 금융 서비스를 받을 수 있는 세계인 디파이 세계가 있다는 얘기다.

디파이 코인을 교환하는 탈중앙화거래소가 있고, 이더리움 암호화폐를 담보로 해서 또 다른 코인을 대출받는 서비스(랜딩)도 있다. 은행처럼 암호화폐를 예치하면 이자를 주는 형태의 보험 서비스도 존재한다.

대표적인 탈중앙화거래소는 유니스왑Uniswap이다. 이더리움 기반의 유니스왑에서는 본인인증과 같은 절차가 전혀 필요 없다. 모든 거래는 스마트 계약으로 진행되고, 가상자산 지갑 주소만 입력하면 3자 개입 없이도 돈이 필요한 사람(대출자)과 돈을 빌려줄 사람(부사자)이 직접 거래하는 P2P 방식으로 거래가 이뤄진다. 즉, 유니스왑은 토큰 간 교환 거래를 쉽게 할 수 있도록 설계된 오픈소스 프로토콜이다.

디파이는 시중은행 금리와 비교할 수 없을 정도로 높은 수익률을 보이며 선풍적인 인기를 끌고 있다(암호화폐 생태계에 들어와 있는 사람들에게 인기를 끈다는 얘기다). 거래소에 암호화폐를 예치하는 것만으로 10~20%의 수익이 발생한다. 이 때문에 디파이에 예치된 암호화폐 자산 규모는 2021년에 전년 대비 5배 이상 불어난 959억 달러(약 111조 8,673억 원)에 달한다. 유니스왑, 에이브, 커브 등 유명 디파이 프로젝트들도 이더리움을 기반으로 하고 있기 때문에 앞으로도 이더리움의 성장 가능성은 더 커진다.

스테이킹Staking이라는 말도 디파이 생태계에서 나오는 얘기다. 자신이 보유한 가상화폐 중 일정 지분량을 탈중앙화거래소에 예치하는 것이다. 가상화폐 보유자는 가격의 등락과 상관없이 가상화폐를 예치하고, 예치 기간 동안 일정 수준의 이익을 얻는다. 이론상 자신이 가지고 있는 가상화폐 지분의 유동성을 고정하는 대신 해당 플랫폼의 운영이나 검증에 참여하는 것인데, 이에 대한 보상으로 가상화폐를 이자금처럼 받는다.

암호화폐 개념이 어색하게 느껴진다면 이게 다 무슨 소리인가 싶을 수도 있다. **중요한 것은 현재 정부의 통제를 받는 암호화폐 거래소를 넘어서, 블록체인 기술만을 활용해 은행과 같은 금융기관 없이도 직접 송금과 대출 등이 이뤄지는 생태계가 본격 출현하기 시작했다는 것이다.** 뱅크오브아메리카도 2021년 3월에 발간한 보고서에서 "디파이는 현대 금융이 맞닥뜨린 가장 근본적인 도전"이라고 밝히기도 했다. NFT가 고가에 거래되는 게 굉장히 이상하게 느껴지지만 거래가 이뤄지고 있는 현실이 명확히 존재하는 것처럼, 디파이라는 생태계가 이제 갓 나타났고 사이즈가 점점 커지고 있는 현재의 분위기를 이해하면 된다.

NFT와
방탄소년단 IP

방탄소년단 NFT가 나온다. 2021년 11월, BTS 소속사인 하이브는 암호화폐 거래소 업비트를 운영하는 블록체인 업체 두나무와 손을 잡았다. 이들은 합작법인을 만들고 본격적으로 NFT 사업에 진출한다고 선언했다.

방시혁 하이브 의장은 기자 간담회를 통해 "하이브와 두나무는 새로운 합작법인을 통해 아티스트 지식재산권IP 기반 콘텐츠 상품이 팬들의 디지털 자산이 되는 NFT 사업을 펼쳐나갈 예정"이라고 밝혔다. 아티스트의 IP 기반 콘텐츠 상품이라는 표현이 어려워 보이지만 사실 이전에도 있었던 것들이다. 가수가 만드는 음반, 사진, 굿즈 등이 바로 IP 기반 콘텐츠 상품이다. 이제는 그런 상품들을 NFT 형태로 팬들에게 판매하겠다는 것이다.

방시혁 의장이 직접 예를 든 것은 포토카드였다. 방 의장은 "무대나 뮤직비디오를 통해 보이는 모습 외에 비하인드 신을 담아

인도네시아에서 **4,000만 루피아**에 거래된 정국의 포토카드

내 포토카드는 한정 수량으로 생산돼 팬들끼리 교환하는 경우가 많다. 포토카드에 대한 고유성을 디지털상에서 인증해 영구적으로 소장이 가능하도록 할 것"이라고 말했다. 최근 인도네시아에서는 BTS 멤버 정국의 포토카드가 4,000만 루피아(약 330만 원)에 거래된 것으로 알려졌다. 송치형 두나무 의장은 "디지털 포토카드를 클릭하면 해당 이미지에 나온 아티스트의 영상이나 음악, 목소리 등 보다 공감각적인 경험이 가능한 방식도 고민해보려 한다"고 말했다.

하이브가 두나무의 힘을 빌려서 자신들의 팬 전용 커뮤니티 플랫폼 위버스에서 디지털 포토카드를 안전하게 발행하고, 교환되도록 하는 것은 특별히 어렵지 않은 작업이 될 것으로 보인다. 마치 트위터의 CEO 잭 도시가 2006년에 올렸던 트위터의 첫 게시물을 NFT로 만든 것처럼, BTS가 데뷔를 준비하며 팬들과 소통하기 위해 올렸던 최초의 유튜브 게시물을 NFT로 만들어 판매할 수 있다. BTS 공식 팬인 아미army들은 이 같은 NFT를 사고 싶어 하지 않을까?

NFT 세계를 주도하는 메가 IP 기업

디지털 재화를 NFT화시키기 위해서 필요한 것은 잘 팔리는 스토리다. 즉, 지적재산권IP, Intellectual Property이다. 고유한 스토리를 가지고 있는 원천 스토리를 NFT로 만들었을 때 인기를 끌 가능성이 크다. 1차 저작물인 IP를 기반으로 2차, 3차 저작물을 만들 수 있다. 이때 원천 스토리 자체가 좋으면 2차, 3차 저작물은 모두 돈이 된다. 방탄소년단이라는 전 세계에서 히트 치는 메가 IP를 기반으로 2차 저작물인 포토카드를 만들면, 포토카드 한 장이 300만 원이 넘는 가격에 팔리는 것이다. 이때 이 포토카드를 기반으로 만드는 3차 저작물인 NFT도 마찬가지로 높은 값어치를 띠게 될 수밖에 없다. 메가 IP를 쥔 기업이 NFT 세계를 주도할 것이다.

메가 IP는 어떤 기업이 쥐고 있을까? 먼저 네이버와 카카오 등 웹툰과 웹소설 IP를 다량 보유한 기업들이 대표적인 IP 기업이다. 넷마블과 엔씨소프트 등 각각의 세계관을 입힌 게임을 쥐고 있는 기업들도 IP를 보유한 기업이다. 아시아와 북미, 유럽 등 전 세계에 걸쳐 팬덤을 확보한 아티스트 기반의 엔터테인먼트 기업들도 아티스트라는 IP를 갖고 있다. 방탄소년단이나 블랙핑크 등은 팔리는 스토리라는 얘기다.

네이버와 카카오가 2021년에 전 세계 웹툰과 웹소설 플랫폼 확보를 위해 전쟁을 벌인 이유가 여기에 있다. **전 세계서 팔리는 스토리를 확보하는 것은 2차 저작물을 넘어 메타버스 시대의 콘텐츠나 NFT 전쟁을 주도하는 데 유리하다는 판단에서다.** 네이버는 전 세계 1위 웹소설 업체인 왓패드Wattpad를 2021년에 6,600억 원을 들여 인수했다. 국내 1위 웹소설 업체로 불리는 문피아도 1,082억 원에 가져왔다. 카카오도 북미 최초 웹툰 플랫폼 타파스Tapas를 6,000억 원에 인수했고, 모바일 영문 웹소설 콘텐츠 플랫폼 래디쉬Radish도 5,000억 원에 사들였다.

엔터테인먼트 회사인 SM엔터테인먼트를 네이버와 카카오가 인수한다는 얘기가 돌았던 것도 같은 이유다. IP 확보 전쟁의 일환이다. SM엔터테인먼트에는 내로라하는 아이돌이 있다. 일본에서 꾸준히 엔화를 벌어오는 동방신기가 대표적이다. 아시아를 호령하는 슈퍼주니어를 비롯해 샤이니, 엑소, 레드벨벳, NCT드림, 에스파 등 코어 팬덤을 보유한 아티스트들이 많다. 엔터테인먼트

네이버 웹툰·웹소설 IP 영상화 라인업

사의 아티스트를 보유하는 것은 그 자체로 이들 아티스트를 중심
으로 만들어진 브랜드와 세계를 한 번에 보유하게 되는 것과 마찬
가지다. 팬들은 이들 아티스트의 스토리텔링으로 만들어진 세계
를 즐기고, 그 세계의 부산물인 라이선스 기반 상품을 줄줄이 소
비하는 것이다. 단순히 음반을 사는 것 외에 이들로 만들어진 게
임과 책, 굿즈 등을 차례로 구매하고 소장할 수 있다.

전 세계 최대 이커머스 기업인 아마존이 할리우드 대표 제작사
MGM을 약 9조 5,000억 원에 인수한 것도 유사하게 IP 확보 전쟁
에 나선 것으로 볼 수 있다. 1924년에 설립된 MGM은 할리우드의

황금시대를 이끌었던 메이저 스튜디오로 꼽힌다. 007 시리즈와 〈벤허BenHur〉, 〈바람과 함께 사라지다Gone With the Wind〉, 〈양들의 침묵The Silence of The Lambs〉, 〈록키Rocky〉, 〈텔마와 루이스Thelma & Louise〉 등을 제작한 바 있다.

아마존 스튜디오 수석 부사장인 마이크 홉킨스Mike Hopkins는 계약 당시 "이 계약의 진정한 가치는 아마존과 MGM이 같이 발전시켜 나갈 수 있는 지식재산권이라는 보물에 있다. MGM이 보유한 007 시리즈 등 4,000개 이상의 방대한 카탈로그를 아마존과 함께 발전시킬 수 있다"고 언급했다. 아마존이 MGM의 IP를 활용해 콘텐츠를 강화할 것임을 천명한 것이다. 할리우드의 전통이 담긴 영화를 NFT로 만들면 NFT 생태계 속의 사람들이 구입하지 않고 배길까?

하이브와 같은 엔터테인먼트사들이 신규 아티스트를 지속적으로 내놓는 것도 전 세계에 통용되는 신규 IP를 계속 확보하기 위함이다. 하이브는 2023년까지 일곱 개의 신인 그룹 데뷔를 기획하고 있다. 유니버설 뮤직 그룹UMG과 함께 글로벌 여성 팝 그룹도 구상 중이다. 하이브 재팬에서도 글로벌 보이 그룹이 데뷔를 기다리고 있다.

이처럼 **하이브와 YG엔터테인먼트 등 전 세계를 히트한 아티스트를 보유한 회사와, 전 세계에 팔리는 이야기를 보유한 네이버와 카카오가 메타버스 시대의 콘텐츠 제공자의 위치를 공고히 할 수 있을 것으로 보인다.**

메타버스 3.0

네이버 웹툰 기반 NFT의 출현

네이버 웹툰에서 2011년부터 10년간 연재된 인기 웹툰 〈닥터 프로스트〉가 있다. 천재 심리학자 닥터 프로스트와 그의 제자 윤성아 등이 한국 사회를 살아가며 다양한 트라우마를 겪는 사람들을 상담하며 회복을 돕는 내용이다. 이 웹툰은 2021년 9월부로 10년간의 연재를 마무리했다. 10년간의 연재를 기념해 〈닥터 프로스트〉를 기반으로 한 NFT를 발행한다는 것이다. 그라운드X의 클레이튼 기반으로 발행된다. 주인공들의 캐릭터 프로필로 만든 NFT를 한정판매하고, 오픈씨를 통해 경매를 진행하기로 했다.

NFT를 발행하기로 한 이종범 작가의 메시지에서는 10년 동안 연재했던 이 작품을 어떻게 소유할 수 있는가에 대한 고민이 읽힌다. 이종범 작가는 "만화책에서 웹툰으로 시장이 옮겨 가면서 '독자는 어떻게 작품을 소유할 수 있는가'에 대해 많이 고민해왔다"며 "완결 기념 NFT 발행을 통한 시도가 하나의 대답이 될 수 있기를 기대한다"고 밝혔다.

네이버의 웹툰과 웹소설 플랫폼에서 유통되는 IP는 2021년 7월 기준 10억 개에 달한다. 플랫폼에 올라간 콘텐츠의 단순 합산이지만, 네이버는 어떻게든 양질의 IP를 확보해야 한다는 절박함이 있다. 팔리는 스토리를 보유함으로써 아직 도래하지 않은 세계를 주도할 수 있는 막강한 힘을 얻게 되기 때문이다. 네이버가 '지상최

대공모전'과 같은 이름으로 15억 원을 내걸고 웹툰과 웹소설 IP 공모전을 진행하는 것도 신선한 IP를 최대한 확보하기 위함이다.

IP 부자 카카오가 넷마블과 손잡은 이유

카카오의 음악, 영상, 웹툰, 웹소설 등 사업을 총괄하는 카카오엔터테인먼트가 넷마블에프앤씨의 자회사인 메타버스엔터테인먼트에 전략적 투자자로 참여한다. 카카오엔터테인먼트는 2021년 10월, 유상증자를 통해 제3자 배정 방식으로 신주 8만 주를 120억 원에 인수하기로 했다고 밝혔다. 카카오의 콘텐츠 총괄 역할을 하는 회사가 넷마블의 메타버스 담당 자회사에 투자한다는 얘기다.

카카오의 첫 번째 계획은 가상 아이돌 그룹을 만드는 것이다. 메타버스엔터테인먼트가 이미 K팝 버추얼 아이돌 캐릭터 개발을 진행 중이었는데, 이제 카카오라는 플랫폼 네트워크를 통해 데뷔할 가능성이 커졌다. 메타버스엔터테인먼트의 가상인간 기술에 기반해 아이돌 캐릭터 개발을 진행하고, 카카오엔터테인먼트의 매니지먼트 역량으로 그룹 활동을 지원하는 방식으로 협력하는 그림이다.

넷마블에프앤씨는 게임 회사 넷마블의 개발 자회사다. 〈일곱 개의 대죄: 그랜드크로스〉, 〈블레이드 & 소울 레볼루션〉 등 다수의 다중접속역할수행게임MMORPG을 만들었다. 가상의 캐릭터를 만드는 데 독보적인 힘을 가진 것이다.

카카오엔터테인먼트는 음원 스트리밍 플랫폼 멜론 사업을 영위하고 있다. 카카오TV라는 영상 플랫폼과 다수의 엔터테인먼트 회사도 보유하고 있다. 멜론은 현재 연간 1만 2,000곡의 음원을 제작하고 회원 수 3,300만 명을 보유하고 있다. 아이돌 그룹의 데뷔와 동시에 멜론을 통해 아이돌이 소개되고, 매니지먼트가 이뤄지고, 카카오TV 영상 플랫폼 위의 프로그램에까지 출연이 가능한 셈이다.

하지만 가상 아이돌 그룹을 만드는 것은 이 두 회사의 초창기 협력 정도에 지나지 않을 수 있다. 다음 프로젝트가 핵심이 될 것으로 보이는데, 카카오엔터테인먼트가 보유한 웹소설과 웹툰 IP 8,500개를 기반으로 한 가상 세계가 만들어질 것이다. 카카오 웹툰과 웹소설에 기반한 세계가 만들어지고, 그 세계를 우리가 VR 기기를 쓰고 탐험하는 식의 미래를 상상해볼 수 있다. 아니면 관련 IP에 기반한 아바타를 만들어 내가 웹툰이나 웹소설 속 주인공이 되거나 게임 속 주인공이 되는 것이다.

메타버스 플랫폼이 생기고 나면 그곳을 채울 콘텐츠가 필요하다. 메타버스 세계를 채워나갈 콘텐츠가 무엇이 될 수 있는가에 대해서는 많은 기업이 고민하고 있다. 잘 만든 IP 하나로 메타버스 테마파크가 만들어질 수도 있다. 메타버스를 채울 즐길 거리는 다양한 IP에 기반할 것이다.

카카오엔터테인먼트에서 웹툰과 웹소설 사업을 총괄하는 류정혜 부사장도 비슷한 얘기를 했다. 그는 "메타버스 공간에서 웹툰과 웹소설을 보는 방법에 대한 이야기가 많이 나오는데, 굳이 가상현실 공간에 모여서 함께 웹툰을 읽을 것 같지는 않다. 그보다는 공간에 대한 경험으로 확장될 것 같다"고 밝혔다. 카카오 웹툰의 핵심 IP인 〈나 혼자만 레벨업〉을 예로 들었다. 류 부사장은 "카카오엔터테인먼트의 웹소설 세계관을 구현한 가상공간이 생기고, 그곳에서 성진우(〈나 혼자만 레벨업〉 주인공)와 함께 던전 탐험을 하는 식으로 가상 세계가 확장될 것 같다. 이렇게 앞으로는 콘텐츠를 경험하는 방식이 더욱 풍부해질 것이다"라고 말했다.

암호화폐 사업에 총력전 펼치는 카카오

카카오는 코인 사업에 진심이다. 코인이라고 하니, 거부감이 들면 블록체인이라는 말로 바꾸거나 NFT로 바꾸면 된다. 본질은 같다. 2021년에 골목상권 침해 논란으로 두들겨 맞은 카카오는 "콘텐츠와 기술을 바탕으로 글로벌 비즈니스를 적극적으로 강화해나갈 예정"이라고 밝혔다. 콘텐츠는 앞서 언급한 IP와 관련된 얘기고, 두 번째 기술이 바로 코인 즉, 블록체인 생태계를 확장한다는 얘기다.

2021년 8월에 카카오가 싱가포르에 새 블록체인 자회사 크러스트Krust를 출범한 소식이 전해졌다. 이곳에 김범수 의장의 최측근이 대거 배치됐다. 카카오 창업 멤버인 송지호 카카오 공동체 성장센터장이 크러스트 대표로 임명됐고, 강준열 전 카카오 최고 서비스책임자CSO와 신정환 전 총괄부사장도 합류했다. 목표는 단하나다. "카카오의 블록체인 플랫폼 클레이튼을 키워라"이다.

2018년 김범수 의장은 카카오 3.0을 선언하면서 블록체인을 글로벌 진출의 핵심 전략으로 꼽았다. 현재 클레이튼이라는 이름의 네트워크 기반 국내외 거버넌스 카운슬 기업 32곳을 확보하고, 각 사업 영역에서 블록체인을 활용한 사업을 추진 중이다. 클레이튼은 카카오의 블록체인 기술 자회사 그라운드X가 만든 블록체인 네트워크 이름이다. 블록체인 기술의 가치와 유용성을 증명해 블록체인의 대중화를 이끄는 것을 목표로 개발된 플랫폼이다. 클레이라는 암호화폐가 통용되는 네트워크다.

쉽게 말해 비트코인이나 이더리움도 블록체인 네트워크이고, 이 블록체인 네트워크 위로 각각 네트워크 이름을 딴 암호화폐가 통용되는 것이다. 이더리움 네트워크 안에서 이더리움 코인이 돌면서 경제활동이 이뤄지는 식이다.

카카오의 블록체인 생태계 자체가 커지면 커질수록 카카오의 미래 블록체인 기술을 활용해 경제활동을 일구는 기업 혹은 기관 집단이 커질 것이라는 전망이다. **디지털화폐가 범용이 된 미래 세상에**

서 지금은 코인이라고 불리는 암호화폐들이 우리의 지폐나 동전을 완벽하게 대체할 수 있을 텐데, 그 미래를 카카오가 선도하겠다는 것이다. 김범수 의장은 카카오톡 출시 10주년을 맞은 2020년부터 앞으로 10년의 새로운 먹거리, 모바일을 뛰어넘은 새로운 성장 동력 발굴에 고심해왔는데, 이 과정에서 블록체인을 통한 새로운 플랫폼과 생태계 조성에 올인했다.

최근 카카오 계열사들이 저마다 NFT 거래소를 만든다거나 관련 사업에 뛰어든다고 밝힌 것은 이 생태계를 키우기 위한 움직임이다. 카카오의 게임 사업을 총괄하는 카카오게임즈는 2021년 3분기 실적 발표와 함께 주주서한을 통해 NFT 거래소를 개발 중이라고 전했다. 카카오의 음악, 영상, 웹툰, 웹소설 등 사업을 총괄하는 카카오엔터테인먼트도 넷마블과 손잡고 "가상 아이돌 그룹을 만든다"고 밝혔다. NFT와 같은 블록체인 사업은 그 자체로 IP와 맞닿아 있어야 한다는 점에서 게임사, 엔터테인먼트사와 시너지를 낼 수밖에 없는 분야다. 따라서 블록체인 생태계를 키우기 위한 첫발로 카카오의 관련 자회사에서 신사업을 추진해줘야 한다. 카카오가 그리는 블록체인의 큰 그림대로 관련 자회사들이 움직이고 있는 것이다.

NFT와
플레이투언 게임

게임 속에서 특정 광물을 채굴했는데, 그걸 가지고 실제 현실의 편의점에서 삼각 김밥을 사 먹을 수 있다면 어떤 느낌일까? 게임 속에서 특정한 행동을 하여 얻은 게임 속 재화를 현실의 진짜 현금으로 바꿔서 쓴다는 얘기다. 지금 전 세계에서 인기를 얻고 있는 플레이투언PlayToEarn, P2E 게임에서 볼 수 있는 모습이다.

한국의 중견 게임사 위메이드는 2021년 한 해 동안 회사 주가가 780% 님게 올랐다. 이 회사가 2021년 8월, 전 세계 170여 개국에 출시한 블록체인 기반 게임 〈미르4 글로벌〉은 11개 서버로 서비스를 시작했는데, 출시한 지 두 달 만에 167개 서버로 확장할 만큼 성공 가도를 달리고 있다. 동시 접속자 수도 100만 명을 돌파했다. 비결은 게임에 P2E 모델을 도입했기 때문이다. P2E는 게임 안의 재화나 아이템을 통해 수익을 얻는 게임 모델을 뜻한다.

〈미르4 글로벌〉은 게임을 하면 얻을 수 있는 재화인 흑철을 가

위메이드가 출시한 P2E 게임 〈미르4 글로벌〉

상화폐 위믹스로 전환해 실제 현금을 벌 수 있도록 했다. 게임 이용자들은 게임의 핵심 재화인 흑철을 모아 돈을 번다. 흑철로 불리는 광물 10만 개를 모으면 토큰 드레이코DRACO 한 개로 바꿀 수 있다. 드레이코 한 개는 위메이드의 암호화폐 지갑 위믹스 월렛을 통해 자체 암호화폐인 위믹스 코인 한 개와 교환된다. 위믹스는 빗썸과 같은 국내외 암호화폐 거래소에 상장돼 있다. 따라서 현금화하거나 투자할 수 있다. 〈미르4 글로벌〉을 이용하는 전 세계 게임 이용자들은 게임의 재화를 현실의 돈으로 바꿔 쓸 수 있는 것이다.

2021년 대세로 떠오른 NFT 게임

2021년 게임 회사들은 NFT, 메타버스 단어와 스치기만 해도 주가가 솟구친다. 엔씨소프트처럼 넥슨, 넷마블과 함께 3N으로 분류되는 회사조차도 "2022년에 NFT를 적용한 게임을 발표할 예정이다. 엔씨소프트가 유통하고 있는 다중접속역할게임이 NFT 적용에 가장 적합한 장르라고 믿고 준비해왔다"고 선언하자 하루 만에 30% 가까이 주가가 오르며 상한가를 쳤다. 위메이드의 성공방정식에 고무된 게임 회사들이 저마다 NFT 게임을 만들겠다고 나서는 양상이다.

플레이투언P2E 모델은 수년간 국내 게임업계를 유지시켰던 과금 방식의 페이투윈Pay to Win, P2W 모델을 해체시키고 있다. 게임업계 관계자는 "국내에서는 확률형 아이템, 과도한 과금 시스템에 거부감이 커진 게임 이용자들이 직접 돈을 벌 수 있는 플레이투언 게임으로 눈을 돌리고 있다"고 설명했다.

위메이드는 2021년 3분기 매출 633억 원, 영업이익 174억 원을 기록했는데, 각각 전년 동기 대비 167% 증가한 수치다. 2021년 10월에 글로벌 동시접속자 100만 명을 돌파한 위메이드의 킬러 콘텐츠 〈미르4 글로벌〉 덕분이다. 〈미르4 글로벌〉에는 블록체인 기반 NFT 기술이 접목됐다. 위메이드는 2018년에 자회사 위메이드트리를 설립한 뒤 블록체인 기반 게임 개발에 본격적으로 나서왔다. 블록체인 기반의 게임 시장이 확대되고 있는 글로벌 트렌드를 읽어낸 것이다. 위메이드트리를 통해서 자체 개발한 블록체인 플랫폼인 위믹스를 만들어냈다.

〈미르4 글로벌〉의 성공으로 위메이드는 블록체인 게임 사업 기조를 확대해가기로 했다. 2022년 말까지 위믹스를 기축통화로 하는 블록체인 게임 100개 출시라는 구체적인 사업 목표도 내걸었다. 정현국 위메이드 대표는 "〈미르4 글로벌〉의 성공이 게임 산업의 패러다임을 바꾸고 있다. 위믹스는 게임업계의 기축통화로서 모든 게임과 결합할 수 있는 오픈 플랫폼으로 성장이 기대된다"고 밝혔다.

위메이드가 자신들의 코인이 모두 통용되는 게임 100개를 만들면 어떤 세상이 펼쳐질까? 각각의 게임들은 모두 연결되고, 게임 속 재화는 모두 위메이드의 코인인 위믹스로 바꿀 수 있거나, 위믹스가 모든 게임에서 통용되는 가상화폐로 작용할 것이다. 각각의 게임들을 모두 하나로 잇는 거대한 위믹스 생태계가 펼쳐지는 것인데, 이것이 바로 메타버스 플랫폼들이 되고 싶어 하는 미래 모습이다.

다만 〈미르4 글로벌〉의 국내 버전에서는 아이템의 현금화 방식이 빠졌다. 아직 한국의 게임물관리위원회는 블록체인 게임에 등급을 주지 않고 있다. 게임에 NFT를 적용할 수는 있지만, NFT로 가상자산의 성격을 띠는 게임 안의 산출물이 암호화폐와 연동으로 현금화할 여지가 있으면 사행성이 있다고 본다. 게임사는 등급

을 받지 못하면 국내에서 게임을 유통하지 못한다. 〈미르4 글로벌
〉은 글로벌에서의 성공에도 불구하고 국내에서는 서비스를 하지
못하는 반쪽짜리 게임인 것이다.

100년 동안 살아남는 NFT 게임 아이템

게임 아이템이나 캐릭터를 NFT로 구현할 수 있다면, 이론상
100년 동안 살아남는 게임이 존재할 수 있다. 특정 게임 아이템을
NFT로 만들 수 있으면 아이템 거래를 암호화폐 송금처럼 손쉽게
할 수도 있다. 개발사가 아이템을 소유하는 것이 아니라 개인이
소유하기 때문에 게임 개발사가 동의하지 않더라도 해당 아이템
을 외부 마켓에서 사고팔 수 있다.

현재 한국에서의 아이템 거래는 이용자들이 커뮤니티를 조성
해 서로 아이템을 사고파는 시장으로 자리 잡혀왔다. 2021년에 출
시된 〈디아블로2: 레저렉션〉 게임의 이용자들은 아이템 거래를 카
오스큐브Chaoscube 같은 사이트를 통해서 진행한다. 이때 아이템 거
래를 위해 CP라는 재화를 현금으로 구매하고, 이 재화를 기반으
로 아이템 거래를 하게 된다.

NFT로 게임 아이템과 캐릭터를 만든다면 이 같은 아이템 거
래가 훨씬 수월해질 수 있다. 내가 즐기던 게임 플랫폼이 망하더

라도 내가 소유한 땅이나 아이템, 캐릭터는 NFT 그 자체로 그대로 보유할 수 있다. 본인 소유의 암호화폐 지갑에 나의 땅과 아이템, 캐릭터가 토큰 형태로 그대로 남아 있는 것이다.

중앙 서버조차 없는 블록체인 게임

2018년에 창업한 나인코퍼레이션은 기존의 서버-클라이언트가 존재하는 게임의 양상을 아예 뒤바꾸고 있는 게임사다.

이 회사는 2021년에 21억 원 규모의 시리즈A 투자를 유치하며 누적 투자금 35억 원을 기록했다. 2021년 5월에는 중소벤처기업부 주관 '아기유니콘 200 육성사업'에도 선정됐다. 회사 주목도가 높아진 것은 블록체인을 활용한 게임 엔진 립플래닛을 개발했기 때문이다. 김재석 나인코퍼레이션 대표는 "게임사는 특정 서버에 게임 이용자가 접속해 게임을 즐기는 서버-클라이언트 모델로 이뤄져 있다. 반면 립플래닛 엔진을 이용하면 분산저장 방식으로 중앙 서버 없이도 게임을 운용할 수 있다"고 설명했다.

실제로 2020년 10월에 김 대표가 직접 만든 게임 〈나인 크로니클〉은 이용자들 한 명 한 명이 게임 운영에 필요한 데이터를 나눠 갖고 있어서 이용자가 단 한 명만 남아도 게임이 영구적으로 유지된다. MMORPG의 게임 수명이 짧아지면서 깊게 몰입하기가 어

나인코퍼레이션이 만든 중앙 서버 없는 게임 〈나인 크로니클〉

려워졌고, 기껏 노력해서 캐릭터 레벨을 올리고, 각종 아이템을 구매해두어도 얼마 안 가 서버가 종료되는 일이 허다하다는 점에서 분산저장 방식을 고민했다고 설명했다. 단 한 명의 사용자만 있어도 100년이 흘러도 게임은 계속 살아 있고 구동되는 게 분산저장 방식의 로직이다.

〈나인 크로니클〉은 게임 속 재화인 토큰(골드)을 이용한 보상 시스템을 강화했다. 보상의 크기를 키웠더니 사용자 모두가 게임 생태계를 활성화하고 육성해나가는 자생적인 움직임이 벌어졌다. 게임 속 화폐인 골드를 채굴할 수 있도록 했고, 보상으로 받은 아이템을 사고팔 수도 있다. 게임 커뮤니티의 리더 역할을 맡으면서, 이벤트를 열고 사용자들이 게임에 더 잘 집중할 수 있도록 돕는 일에 참여해 골드를 보상받기도 한다. 실제로 태국의 한 이용자는 게임 커뮤니티 리더 활동으로 2,500달러(약 300만 원)를 벌었는데 또래의 직장인들보다 네 배 많은 수입을 벌었다고 한다.

서버 없는 게임이 일반화되면 대형 게임 퍼블리셔에 의존하는 게임 제작 시스템도 송두리째 바뀔 수 있다. 현재 유명한 게임들은 대형 게임 퍼블리셔가 제작비, 마케팅비, 초기 투자금까지 지원하는 형태로 게임이 제작되기 때문에, 개발사는 철저히 퍼블리셔에 의존할 수밖에 없다. 따라서 개발사가 원하는 게임의 독창성을 부여하기가 너무 어려워진다. 〈나인 크로니클〉과 같은 분산저장 형태의 블록체인 게임의 성공에 많은 개발사가 주목하는 이유다.

김 대표의 목표는 〈나인 크로니클〉을 매일 수천 명이 즐기는 게임으로 만드는 것이다. 게임이 100년 동안 살아남게 된다면 100년 전에 만들어진 무기류 아이템이 정말로 전설의 검이 되는 것이다. 궁극적으로는 게임 속 화폐인 골드로 가치를 창출해, 미래에는 골드를 담보로 현실의 아파트 담보대출을 받을 수 있는 시대를 꿈꾼다.

NFT 기반 게임 플랫폼 〈더 샌드박스〉

〈더 샌드박스〉는 이더리움 블록체인 네트워크를 기반으로 이용자들이 복셀Voxel 게임 경험을 직접 만들고, 소유하고, 수익화할 수 있는 가상 세계다. 복셀은 볼륨Volume과 픽셀Pixel의 합성어다. 즉, 부피를 가진 픽셀이라는 뜻이다. 2D에서의 픽셀을 3D로 구현한 것을 바로 복셀이라고 한다.

2011년에 출시된 플랫폼 〈더 샌드박스〉는 4,000만 다운로드 기록과 함께 거대 크리에이터 커뮤니티를 형성했다. 크리에이터들의 소유권을 NFT를 통해 보증하고, 생태계에 기여하는 크리에이터들이 보상받을 수 있는 환경을 구현했다. 〈마인크래프트〉나 〈로블록스〉와 같지만 또 다르다. **이용자들이 만든 콘텐츠 저작물의 소유권을 블록체인과 스마트 계약을 통해 확고히 하는 방식이기 때문이다.**

〈더 샌드박스〉 속의 가상 세계를 구성하는 사람, 동물, 식물, 도구 등 3D 사물은 복스에딧VoxEdit이라는 패키지로 구현할 수 있다. 이용자들은 복스에딧을 사용해 건물 블록과 같은 복셀을 자유자재로 다룰 수 있다. 이때 만들어진 사물들은 마켓플레이스에서 업로드하고 판매할 수 있다.

마켓플레이스에 올라가며 이용자들이 만든 창작물들은 모두 가격이 매겨지는 에셋Assets이 된다. 〈더 샌드박스〉 게임 메이커를 통해서는 3D 게임을 무료로 만들 수도 있다.

이때 〈더 샌드박스〉 내 모든 거래의 근본이 되는 가상화폐는 샌드Sand다. 샌드를 서로 주고받으며 가상 세계에서의 경제활동을 펼칠 수 있는 것이다. 샌드를 활용해 〈더 샌드박스〉의 NFT를 구매할 수 있는데, 이 플랫폼 안의 땅인 랜드를 구매할 수도 있다. 랜드를 가질 수 있는 방법은 플랫폼이 진행하는 프리세일 때 참여하는 것이다. 첫 번째로 진행한 프리세일에서는 한 시간 만에 600이더리움에 해당하는 랜드가 판매됐고, 두 번째 프리세일 당시에는 5일 만에 800이더리움을 모금하며 완판되기도 했다.

랜드의 개수는 총 16만 6,464개로 개수가 정해져 있기 때문에 게임 수요가 늘수록 랜드 시세도 오르게 된다. 게임 속 가상화폐인 샌드는 암호화폐로서 현재 업비트, 빗썸, 코인원 등 국내 대형 거래소 세 곳에 모두 상장돼 있다.

메타버스의 본질은 게임

오웬 마호니Owen Mahoney 넥슨 일본법인 대표의 메타버스론의 핵심은 첫째도, 둘째도 게임이다. **가상 세계의 본질은 게임이기 때문에 이용자 유치를 위해 무엇보다 재미를 제일 우선시해야 한다는 것이다.** 오웬 대표는 2021년 11월 넥슨 미디엄 기고를 통해 이 같은 의견을 냈다. 그는 "수많은 소비자들이 특정 엔터테인먼트 공간에서 시간을 보내게 하기 위해서는 그것이 실제로 재미있어야 한다"고 밝혔다.

가상 세계에 필요한 가치로 경제, 스토리, 실시간 상호작용, 도전, 지속성 등 요소가 필요하다고 했다. 실시간으로 상호작용하

메타버스 3.0

며 노력 여부에 따라 자원을 얻을 수 있는 경제활동이 가능한 가상 세계 공간이 필요한데, 이때 이용자들 스스로 도전할 수 있어야 하고, 이용자가 만들어낸 세계는 영속적으로 유지돼야 한다는 얘기다. 이 가상 세계를 유지시키는 세계관으로서 스토리 즉, 배경 이야기가 필요하다는 것이다.

재미는 결국 기술과 플랫폼, 그래픽, 사운드와 같은 것보다 더 중요하다고 강조했다. 실제로 15세기 인쇄기의 발명 이후 인쇄술을 발달시킨 것은 인쇄기라는 하드웨어가 아니라 작가의 스토리텔링과 같은 소프트웨어였다고 통찰했다. 그는 "1440년 구텐베르크는 인류가 자신의 이야기와 생각을 널리 전파할 수 있는 길을 열어준 인쇄기를 발명했지만, 이를 통해 엔터테인먼트뿐 아니라 역사의 방향을 바꾼 것은 바로 작가들, 소프트웨어를 발명한 사람들이었다"며 "작가들은 무엇을 인쇄할지, 그리고 최대한의 영향을 미치기 위해 어떻게 흥미롭게 글을 쓸지에 대한 창의적인 문제를 해결했다"고 밝혔다.

메타버스로
돈 벌기

메타버스에
올라타 돈 버는 방법

메타버스 시대의 핵심은 어떻게 플랫폼과 연결될 것인지에 있다. 돈을 벌기 위해서는 플랫폼에 연결돼야 한다. 플랫폼이 되거나 콘텐츠가 되어야 한다. 메타버스라는 단어에 올라타는 것은 다른 게 아니다. 메타버스 세계에서 비즈니스를 할 방법을 찾는 것이다. 메타버스가 현재 발전되어가는 디지털 기술의 총합이라고 할 때, 우리는 디지털 기술의 총합 위에서 기회를 잡아야 한다. 경제 유튜버인 신사임당은 "단군 이래 가장 돈 벌기 쉬운 시대"라고 말했다.

플랫폼과 연결해 돈을 버는 방법은 너무나도 많다. 기업 입장에서 플랫폼에 올라타는 방법은 앞서 확인한 것처럼, 이미 만들어진 플랫폼을 이용해 회사의 홍보, 마케팅, 인사를 수행하는 것이다. 〈제페토〉나 개더타운을 활용해 가상공간을 만들고 홍보 마케팅 활동을 펼치거나, 〈이프랜드〉에서 행사를 진행하는 것이다. 그게 가장 품과 돈이 덜 들면서도 메타버스라는 단어를 활용해 MZ세대와의 접점을 만들 수 있는 방법이다. 물론 MZ세대와의 접점을 만들었다고 해서 회사를 메타버스 시대에 안성맞춤인 기업이 됐다고 판단하는 것과는 별개의 문제다. "이 회사도 새로운 플랫폼을 잘 활용하는구나"라는 정도로 고객들이 인식하는 게 전부다. 그렇다면 지금부터는 한 개인의 입장에서 메타버스에 올라타는 방법을 설명해보려고 한다. 잘 들여다보면 메타버스라는 단어에 휘둘리지 않고, 메타버스라는 단어를 주도할 방법이 보인다.

메타버스에서 크리에이터로 활동해보자

네이버의 메타버스 플랫폼 〈제페토〉로 매월 1,500만 원을 벌 수 있다면 당신은 지금 당장 〈제페토〉로 뛰어들 것인가? 〈제페토〉에서 어떻게 돈을 벌 수 있다는 말일까?

〈제페토〉에서 크리에이터로 활동하는 렌지는 매월 1,500만 원의 수익을 낸다. 그는 40만 명의 팔로어를 보유했는데, 〈제페토〉 속에서 판매하는 아바타 의상을 만든다. 지금까지 130만 개 이상의 아이템을 디자인해 판매했다. 그는 "아바타에 자신이 원하는 옷을 입히고 싶다는 마음으로 크리에이터 활동을 시작했다"고 밝혔다.

제페토 스튜디오에서는 아바타 의상을 제작할 수 있다

© 네이버제트

　〈제페토〉의 제페토 월드는 소셜형 메타버스 플랫폼의 대표적인 곳이다. 따라서 일반 게임과는 다르고 아바타를 꾸미는 것 자체가 주요 콘텐츠다. 렌지는 〈제페토〉에서 아바타들이 입는 옷이나 신발, 헤어스타일 등 〈제페토〉에서만 쓸 수 있는 아이템을 디자인한다. 2021년 2월에는 일본의 한 매체와의 인터뷰에서 '10개월 만에 아바타 옷 100만 개를 만든 디자이너'로 소개되기도 했다.

　렌지가 제작한 의상은 인어, 거북이, 날개 등 일반적인 디자인과는 달랐다. 2020년 9월에 아이템 한 개당 22~24원 정도에 거래되던 의상 아이템은 현재는 300~350원으로 판매할 정도로 값이 올랐다. 렌지는 급기야 소속사도 만들었다. 소속사 매니지먼트오를 운영하면서 소속 크리에이터들과 작업해서 아이템을 판매하고 수익을 공유한다. 그녀의 소속사는 설립한 지 1년 만에 2억

5,000만 원이 넘는 수익을 낸 것으로 알려졌다.

렌지처럼 메타버스 플랫폼 안에서 크리에이터로 활동하며 새로운 경제를 창조하는 것을 '크리에이터 이코노미'라고 부른다. 온라인과 모바일 플랫폼에서 많은 팔로어를 거느린 크리에이터가 자신만의 콘텐츠를 활용해 수익을 올리는 경제활동이다.

〈제페토〉는 요새 크리에이터 이코노미를 선도하는 공간으로 인기다. 유튜브에서 '제페토에서 돈벌기', '제페토에서 디자인하기' 등을 검색하면 따라해보며 돈 벌기에 뛰어들 수 있는 다양한 영상들이 나온다.

〈제페토〉에 환호하는 이들의 가장 큰 특징은 아바타 눈의 동공 크기나 눈썹, 체형도 바꿀 수 있다는 점이다. 특히 카메라에 내 얼굴을 갖다 대면 미러 기능을 통해 아바타가 내 표정을 따라할 수도 있다. 나와 가장 비슷한 아바타, 내가 꿈꾸는 모습의 아바타를 만들 수 있다는 점에서 아바타를 꾸밀 수 있는 아이템을 만드는 크리에이터가 늘었다. 현재 〈제페토〉에서 활동하는 크리에이터만 150만 명이고, 등록된 아이템 수는 5,000만 개다.

아바타를 꾸밀 아이템을 만들 수 있는 제페토 스튜디오의 이용자는 2021년 9월 기준 70만 명이고, 스튜디오 내에 등록된 아이템은 200만 개, 누적 판매 개수는 2,500만 개에 달한다.

〈제페토〉를 기반으로 한 드라마 제작도 크리에이터 이코노미의 한 종류다. 〈제페토〉 아바타를 이용해 스톱모션 영상으로 창작한

드라마는 유튜브에 수십여 개가 올려져 있다. 〈제페토〉 드라마 유튜버인 이호는 구독자 수가 이제 갓 1만 명 수준이지만 누적 조회수는 275만 뷰가 넘는다. 2019년 말부터 꾸준히 영상을 만들어온 그의 영상 중 최다 조회수는 무려 53만 회에 달한다.

〈제페토〉 드라마에 출연하는 배우들은 〈제페토〉 안의 맵에서 영상에 맞는 캐릭터가 있을 때 섭외되는 등 실제 영화나 드라마 제작과 유사하게 진행된다. 일단 배우를 섭외하고 나면 드라마의 콘셉트에 맞춰 의상을 맞추고, 헤어와 메이크업·액세서리까지 꾸며 배우 캐릭터를 완성한다. 캐릭터에 각 상황에 맞는 표정과 포즈를 지정하고 화면을 촬영해서 이어붙이면 하나의 영상이 만들어지는 형태다. 〈제페토〉 앱의 주요 사용자와 드라마 구독자 모두 10대이다 보니 학교를 배경으로 벌어지는 드라마가 인기가 많다. 〈남사친이 남친이 되는 순간〉, 〈일진을 좋아해 버렸다〉와 같은 학생 로맨스 드라마가 대표적이다.

중요한 것은 10대 구독자들이 단순히 웹 드라마를 보는 것에 그치지 않고 메타버스 플랫폼을 활용해 드라마 제작에 나섰다는 것이다. Z세대들은 10분 이내의 숏폼 콘텐츠를 소비하는 데 익숙하다. 틱톡이 전 세계 1020의 SNS 플랫폼이 된 이유다. 영상 콘텐츠를 만드는 게 글보다 더 편하게 느껴지는 이들이 〈제페토〉 캐릭터를 섭외하고 꾸미고 영상 콘텐츠를 만든 뒤 자신의 유튜브에서 다시 평가받는 이 모든 과정이 일종의 놀이가 됐다는 얘기다. 실제로 〈제페토〉에서 드라마를 촬영하고 있는 크리에이터 A 군은 "직접 대본을 만들고 촬영을 하면서 아바타에 감정이입을 하게 된다. 콘텐츠 반응이 좋으면 뿌듯하다"고 밝혔다.

메타버스에서 인플루언서로 활동해보자

〈제페토〉 안에서 팔로어 기반 활동을 펼치는 인플루언서가 될 수도 있다. 〈제페토〉 속에서 포토·비디오 부스를 활용해 콘텐츠를 올리며 소통하는 것이다.

〈제페토〉 자체에서도 많은 팔로어를 확보한 이용자는 가상 세계의 인플루언서가 되기도 한다. 열 다섯 살 조민서 양은 〈제페토〉에서 3만 명 이상의 팔로어를 지닌 '제페토 파트너'다. 제페토 파트너는 팔로어가 1,000명이 넘는 이용자를 가리킨다. 〈제페토〉가 일종의 인플루언서 지위를 부여하는 것이다.

제페토 파트너들은 자신들의 팔로어들에게 아바타를 꾸밀 아이템을 선물하는 이벤트를 기획하기도 한다. 인스타그램, 유튜브 등 기존 SNS에서 펼치는 인플루언서 소통 형태와 다르지 않다.

네이버제트가 CJ ENM의 1인 창작자 지원 사업을 펼치는 MCN 다이아티비와 제휴를 맺고 콘텐츠 제작과 크리에이터 양성에 나서기로 했다. 이것도 제페토 파트너와 같은 인플루언서 관리를 위한 대표적 움직임이다. 네이버제트와 다이아티비는 91만 명의 유튜브 구독자를 보유한 크리에이터 띠미와 아역배우이자 크리에이터인 이채윤을 시작으로 콘텐츠를 늘려갈 계획이다.

네이버제트는 MCN 벌스워크에 투자해 지분 40%를 확보하기도 했다. 벌스워크는 〈제페토〉에서 활동하는 크리에이터들을 관리해주고 콘텐츠 영상을 제작하는 기획사다.

가상 플랫폼인 〈제페토〉와 일상의 SNS 플랫폼 사이에는 상호작용이 발생하게 된다. 〈제페토〉에서 유명세를 얻은 사람은 유튜브에서 유튜버로 추가로 활동할 수 있고, 유튜브에서 팬덤을 가지고 있는 사람은 이미 팬덤을 가지고 있기 때문에 〈제페토〉에서 활동하기도 쉽다.

메타버스에서 개발자로 활동해보자

〈로블록스〉 안에는 수백 개의 '오징어 게임' 방이 만들어져 있다. 드라마 속 게임 세트를 똑같이 구현해낸 것이다. 〈로블록스〉에는 개발자들이 직접 만들어 파는 로블록스 스튜디오를 통해 전 세계 800만 명의 개발자들이 활동한다.

〈로블록스〉 속 게임인 '오징어 게임' 방에서는 '무궁화 꽃이 피었습니다' 게임이 흥행 중이다. 각자의 캐릭터로 "무궁화 꽃이 피었습니다"를 하면서 선을 통과하거나 죽는 게임을 하는 것이다.

© 로블록스

〈로블록스〉 플랫폼 안에서 인기를 끄는 '오징어 게임' IP를 활용한 게임

채팅방을 보면 영어뿐만 아니라 중국어, 스페인어 등도 보인다.

〈로블록스〉에는 자사가 제공하는 게임보다, 전 세계 800만 개발자들이 로블록스 스튜디오를 통해 직접 만들어 파는 게임이 훨씬 많다. 〈로블록스〉의 개발자들은 유튜브에서 활동하는 유튜버와 같다. 자신이 만든 게임이 인기를 얻으면 광고를 붙여 수익을 낸다.

〈로블록스〉에서는 만 13세 이상이면 누구나 로블록스 프리미엄 멤버로 등록할 수 있다. 가상공간 활동을 통해 쌓은 로벅스가 10만 로벅스를 넘으면 현금으로 인출할 수 있도록 했다. 이로 인해 전 세계 10~20대들은 〈로블록스〉 가상공간에 모여 게임을 하고 SNS 활동을 하고, 돈도 번다.

메타버스로 돈 벌기　　　　　　　　　　　　　　　　　　　　　　241

〈로블록스〉에는 일반 사용자 중에 〈로블록스〉 게임 전문 개발자라는 신종 직업이 생겼고, 매달 많게는 억대 수입을 벌어들인다. 유튜브처럼 생산과 소비가 선순환하는 구조가 구축되고 있는 셈이다.

네이버제트 〈제페토〉도 도토리와 같은 자체 코인 젬으로 아바타 옷을 사거나 팬 사인회 입장권을 구매할 수 있다.

사용자가 아바타 의상과 액세서리, 가상공간 등을 개발할 수 있는 제페토 스튜디오에서는 2020년 3월부터 2021년 8월까지 누적 2,500만 개 아이템이 거래됐다. 젬으로 각종 아이템을 구매할 수 있는데, 1젬당 약 85원으로 환산하면 약 64억 원 규모다. 2021년 연말엔 100억 원 돌파가 확실시된다.

SK텔레콤도 〈이프랜드〉에 경제활동 요소를 강화하고 있다. 사용자가 아이템을 만들어 판매할 수 있는 서비스를 개발하고 거래 수단인 이프코인(가칭)을 만들기로 했다.

메타버스에서 게이머가 되어보자

한 나라의 국민 평균 임금보다 더 많은 돈을 가상 세계에서 벌어들이는 사례가 나오고 있다. 필리핀의 국민 게임 〈엑시 인피니티Axie Infinity〉 얘기다. 〈엑시 인피니티〉는 앞 장에서 설명한 것처럼

P2E 게임의 대표적인 사례다. 하지만 이 게임은 단순히 게임 속 특정한 광물을 채집하는 것을 넘어, 다른 사람의 캐릭터를 대여해서 만들어낸 보상도 나눌 수 있도록 했다.

베트남의 스타트업 게임사인 스카이마비스Sky Mavis는 2018년에 이더리움 기반 블록체인 게임 〈엑시 인피니티〉를 개발했다. 필리핀과 같은 동남아시아 지역에서 이 게임의 이용자들이 매달 벌어들이는 돈은 70만~100만 원 수준으로 국민 평균 임금보다 많다.

게임에서는 엑시Axie라고 불리는 NFT 캐릭터를 키우는 게 주요 목표다. NFT 열풍을 불러온 고양이 게임 〈크립토키티〉처럼 엑시 캐릭터끼리 교배시켜 새로운 캐릭터를 탄생시킬 수 있다. 세 마리의 엑시를 구매한 뒤 게임을 시작할 수 있는데, 능력치와 희귀성이 각기 다른 캐릭터들의 소유권은 각각의 이용자들에게 있다. 실제 거래는 엑시인피니티샤드AXS 코인으로 이뤄지고, 게임 플레이를 통해서는 스무드러브포션SLP이라는 이름의 코인으로 보상을 획득하게 된다.

게임을 시작하기 위해 수십만 원을 호가하는 세 마리의 엑시를 사는 것 자체가 부담이 된다면 타인의 계정을 대여하면 된다. 통상 게임사들이 게임 캐릭터 대여나 양도를 허용하지 않고 있다는 점에서 이례적이다. 이 게임에는 스콜러십scholarship이라는 제도가 있는데, 제3자가 타인의 계정으로 게임 플레이를 할 수 있다. 토지 주인이 농지를 타인에게 빌려주면, 농지를 경작하는 타인이 나

동남아시아 지역에서 선풍적인 인기를 끌고 있는 게임 〈엑시 인피니티〉

© 스카이마비스

중에 수수료를 내거나 수확물에서 나오는 매출을 나누는 것을 떠올리면 된다. 계정 소유자와 실제로 플레이한 사람이 사전에 맺은 계약대로 벌어들인 코인을 나눌 수 있다.

스카이마비스 공동 설립자인 제프리 저린Jeffrey Zirlin은 "사용자가 직접 게임을 만들고, 시장을 형성하며 새로운 가상경제를 만들 것이다. 노인이나 싱글맘 등 개발도상국에서 경제적 어려움을 겪는 이들에게도 도움이 된다"고 밝혔다.

임금이 상대적으로 낮은 동남아시아 지역에서는 〈엑시 인피니티〉 게임을 통해 학비를 벌거나 집을 장만했다는 사람도 나왔다. 동남아시아 지역에서의 인기를 기반으로 삼성전자의 투자 자회사인 삼성넥스트는 2021년 10월 스카이마비스에 1억 5,200만 달

메타버스 3.0

러(약 1,800억 원)를 투자하기로 했다. 공교롭게도 2021년 5월에 개당 5,000원 수준이었던 엑시인피니티샤드 암호화폐의 가격은 투자 소식이 전해지자 불과 5개월여 만에 15만 원대까지 치솟으며 30배 폭등했다.

이쯤 되면 2021년 한 해 동안 이름도 모를 암호화폐들이 왜 비정상적으로 급등했는지를 알 수 있다. 비정상적인 급등도 있었지만, **해당 암호화폐를 가상경제의 화폐로 사용하고 있는 플랫폼의 인기가 고조되거나, 해당 플랫폼을 만든 회사에 대한 투자가 단행될 때 암호화폐 가격이 오른다.** 암호화폐 투자를 하고 있는 사람들이 새로 폭등할 만한 코인이 무엇인지 알고 싶다면, NFT와 관련된 사업이나 NFT 플랫폼 이야기에 집중해야 할 것이다.

메타버스에 부동산 투자해보자

페이스북이 메타로 이름을 바꾼 날, 어느 암호화폐 가격이 무려 360%나 폭등했다. 이더리움 기반 메타버스 플랫폼 디센트럴랜드Decentraland의 기본 토큰 마나MANA다. 디센트럴랜드는 랜드(토지)라고 불리는 가상의 부동산을 구매할 수 있도록 한 서비스다. 디센트럴랜드는 미국 비디오 게임 회사 아타리Atari가 카지노 플랫폼 디센트럴게임즈Decentral Games와 합작해 만든 가상자산 기반 오락시

설이 포진한 계획지구다.

현실에서는 건물주가 되기 어렵지만, 디센트럴랜드에서는 가능한 일이다. 랜드를 구매한 뒤, 본인의 랜드 위에 건물을 세우면 된다. 이때 랜드는 국내 암호화폐 거래소인 업비트와 빗썸에 상장된 코인 마나를 이용해 구매할 수 있다. 디센트럴랜드에서는 자신의 건물에 여러 NFT 작품을 전시할 수도 있고, 건물을 타인에게 임대할 수도 있다. 디센트럴랜드의 이용자가 늘어나면 현실 세계처럼 건물에 광고를 붙일 수 있게 될 것으로 보인다.

이때 랜드와 랜드 위의 건물은 모두 NFT로 구현된다. 즉, 자신의 랜드임이 증명되고, 내 건물이라는 것을 인증받을 수 있다. 랜드의 가격은 현실 세계의 부동산에 맞먹는 수준이다. 최근에 가장 규모가 컸던 거래는 4만 1,216㎡의 땅을 57만 2,000달러(약 6억 6,000만 원)에 판매한 것이다.

디센트럴랜드와 같지만 조금 다른, 지구를 그대로 복제한 가상공간도 출몰했다. 어스2Earth2는 온라인 공간에 구현한 가상지구다. 가로세로 10m 크기의 타일로 지구를 나눠서 사람들에게 판매한다. 이곳에서는 전 세계 유명 도시와 대표 유적지들을 구매할 수 있다. 워싱턴과 뉴욕 등 북미, 파리와 로마 등 유럽, 한국의 서울과 같은 전 세계 지역의 땅을 구매할 수 있다. 유명 지역들은 이미 2020년 말에 비해 가격이 수십 배나 올랐다.

땅을 구매한 30대 김민규 씨는 "초창기 가상화폐 거래소가 막

메타버스 3.0

출현하던 시절을 떠올려보면, 온라인에서 잘 알지도 못하는 코인을 거래하는 게 말이 되나 싶었다. 그런데 지금 비트코인 하나에 5,000만 원이 넘는다. 미래에는 이곳 가상지구의 땅 가격도 폭등할 수 있으리라는 생각에 투자했다"고 밝혔다.

실제로 한 국내 사용자는 2020년 12월에 달랑 8만 원으로 서울의 반포 아크로리버파크를 포함해 주변 땅들을 모조리 사들였는데, 현재 사들인 곳의 가치가 400만 원에 가까운 것으로 전해졌다. 다만 블록체인 기술에 기반한 가상지구에 투자하는 것은 경계해야 한다. 어스2의 거래는 해당 플랫폼을 통해 이뤄지는데, 플랫폼이 갑작스럽게 닫혀도 투자 자산이 보장되지 않을 수 있기 때문이다. 플랫폼 신뢰가 보장되지 않은 곳에서의 투자는 신중해야 한다는 얘기다.

메타버스에 투자하라
– 상장회사

인공지능 전문 업체 알체라는 2020년 12월 코스닥에 상장한 회사다. 2021년 7월에 이 회사는 자사 홈페이지에 공고문을 하나 올렸다. "현재까지 알체라의 사업모델 중 메타버스와 직접적으로 관련된 사업모델은 없다"는 내용이었다. 알체라는 AI 솔루션 영상 인식 기업으로 사업 모델은 안면 인식 사업, 이상 상황 감지 사업, 데이터 사업 등으로 구성된다는 설명이 따라붙었다. 최근 각종 매체를 통해 알체라가 메타버스 관련 기업이냐는 물음이 쏟아졌고, 그에 대한 답을 한 것이다.

알체라는 사실 메타버스 관련주로 묶이면서 주가가 오르는 재미를 봤다. 인공지능과 안면인식 등 얼핏 보면 새로운 디지털 기술과 관련된 것으로 보이니, 메타버스 관련주로 묶일 수 있었을 것이다. 2021년 7월까지 수직하던 주가는 같은 해 1월 말 대비 90% 가까이 올랐다. 수직 상승하던 주가는 "메타버스와 관련이 없다"는 회사 측 입장이 나오자마자 연초 수준으로 돌아가는 추세다.

요새 주식시장에서는 메타버스 혹은 NFT와 스치기만 해도 주가가 오른다. 메타버스라는 단어가 사기 아니냐고 묻는 사람들의 대부분은 이 같은 '묻지 마' 메타버스 딱지에서 비롯한다. 잘 알려지지 않거나 분간이 어려운 기술적인 얘기를 늘어놓고 메타버스라는 단어만 붙이면 메타버스 관련 회사로 탈바꿈하는 데 대한 불만이다. 메타버스와 관련된 상장회사를 살펴보고, 좋은 기업을 분간해내는 것은 쉽지 않은 일이다. 하지만 앞서 계속 확인했듯이 기업이 메타버스와 접점을 갖고 있는지 아닌지는 이제 확인할 수 있을 것이다. 적어도 이 책에서 언급된 회사를 눈여겨봐야 한다.

메타버스 관련 회사로 묶이려면 메타버스 플랫폼을 만들거나 해당 플랫폼과 함께 사업을 하는 회사여야 한다. 플랫폼을 구성하는 뒷단의 기반 기술을 건드리는 회사도 된다. 아니면 플랫폼 위에 태울 콘텐츠를 만들거나, 콘텐츠를 구현할 기반 기술을 만들어도 좋다. 메타버스 시대를 열 AR·VR 기기에 들어가는 재료와 관련된 회사여도 메타버스 회사라고 말할 수 있다.

다만 이 장은 종목 추천이 아니라는 점을 명확히 한다. 투자하라는 얘기가 아니라, 실제로 이 기업들만큼은 메타버스 관련 사업을 펼치고 있다는 얘기다. 앞서 소개했던 주요 빅테크 기업들과 플랫폼 서비스를 펼치는 회사들을 제외하고, 아직 언급하지 않은 회사 중에 메타버스와 관련된 사업을 펼치는 회사들을 몇 개 추려

봤다.

• 엔비디아 - 하드웨어, 소프트웨어

엔비디아는 메타버스 시대에 가장 유망한 반도체 기업으로 성장할 가능성이 크다. 현재도 대만의 TSMC를 꺾고 전 세계 1위 반도체 기업으로 발돋움했다. 미국 시가총액 기준으로도 5~6위권이다.

2021년 11월, 엔비디아의 'GPU 테크놀로지 콘퍼런스GTC'에서 발표된 회사의 메타버스 비전은 허공에 붕 뜬 미래가 아닌, 현실에 좀 더 발 딛고 있는 미래로 보였다. **엔비디아가 추진하는 메타버스는 디지털 트윈digital twin이다.** 디지털 트윈은 미국의 제너럴 일렉트릭GE이 먼저 선보인 개념이다. 컴퓨터에 현실 속 사물의 쌍둥이를 만들고, 현실에서 발생할 수 있는 상황을 컴퓨터로 시뮬레이션함으로써 결과를 미리 예측하는 기술이다. **즉, 엔비디아의 플랫폼을 활용하면 기업들이 실제와 똑같은 가상공간을 마련해 현실의 문제를 해결할 수 있다는 것이다.** 그동안의 메타버스 플랫폼들이 가상의 협업 공간에 초점을 맞춘 반면, 엔비디아는 디지털 트윈 기능의 현실성에 좀 더 초점을 맞췄다.

디지털 트윈을 가능하게 할 엔비디아의 미래 사업의 핵심은 옴니버스Omniverse다. 옴니버스는 마야, 언리얼 엔진, 블렌더 등 유명 가상 세계 3D 제작 툴이 한곳에 모이는 오픈 플랫폼이다. 개발자

젠슨 황 엔비디아 최고경영자가 선보인 3차원 아바타 토이-미Toy-Me

들은 개별적으로 자신에게 익숙한 제작 툴을 활용하고 있는데, 옴니버스를 이용하면 각자의 제작 툴을 이용해도 함께 협업할 수 있다는 설명이다. 옴니버스에서는 현실 세계의 물리법칙이 그대로 적용된다. 베타 서비스로 선보인 옴니버스의 인기에 엔비디아는 기업용B2B 구독 모델도 내놨다. 옴니버스 엔터프라이즈를 연간 9,000달러에 판매하는데, 구독형 서비스인 옴니버스를 구동하기 위해서는 엔비디아 그래픽처리장치GPU가 필수적이다. 자사의 하드웨어에 기반한 소프트웨어를 개발한 것이다.

옴니버스로 현실 공장을 똑같이 빼닮은 디지털 트윈을 만들고, 생산 시나리오를 시뮬레이션하면 공장의 자동화 효율이 높아질 수 있는 것이다. 스웨덴의 통신장비 업체 에릭슨Ericsson은 옴니버스를 활용해 도시 전체를 디지털 트윈으로 만든 뒤 어떤 방식으로 통신장비를 배치하는 게 효율적인지 시뮬레이션하고 있다. 글로벌 대형 투자은행 웰스파고Wells Fargo는 "엔비디아의 옴니버스가 산업, 제조, 설계와 엔지니어링, 자율주행 자동차·로봇공학 등 다양한 분야의 메타버스 개발에서 핵심 조력자이자 플랫폼이다"라고 평가하기도 했다.

즉, 엔비디아는 이제 게임용 GPU를 만드는 단순 반도체 기업이 아니라, 메타버스와 인공지능 솔루션 기업으로 거듭나고 있다.

엔비디아는 행사에서 토이-미라는 대화형 아바타를 공개하기도 했다. 젠슨 황 대표를 닮은 이 캐릭터는 "기후 변화의 가장 큰 위협은 무엇인가?", "천문학자들은 외계행성을 어떻게 찾나?"와 같은 어려운 질문에도 막힘없이 대답한다. 자연스러운 제스처와 말투는 덤이다. 토이-미 아바타가 구동이 가능한 것은 엔비디아의 아바타 플랫폼 맥신Maxine 때문이다. 젠슨 황은 이를 가상 로봇 플랫폼이라고 설명했다. 이 플랫폼 하나로 실제 현실에 물리적 형태로 구현하면 로봇이 되고, 가상 세계에 적용하면 아바타가 된다. 이미 2021년 4월, 젠슨 황은 회사 행사에서 옴니버스로 만든 가상 캐릭터로 14초간 자신을 대신해 연설하기도 했다. 엔비디아가 4개월 뒤 이 사실을 직접 밝힐 때까지는 아무도 몰랐다. 당시 촬영했던 배경도 AI로 만든 가상공간이었다.

메타버스 3.0

로봇과 메타버스, 미래의 핵심 사업 두 가지를 한 번에 쥐겠다는 엔비디아의 미래 청사진이다.

● 유니티 - 하드웨어, 소프트웨어

'게임 개발의 민주화.' 유니티 테크놀로지스의 목표다. 구동이 쉽고 개발이 용이한 인디게임 개발을 목표로 한 이 회사는 현재 전 세계 상위 1,000개 모바일게임의 70%인 700여 개의 핵심 엔진으로 작동하고 있다. 국내서도 65% 가까운 게임이 유니티 엔진으로 만들어졌다. 〈포켓몬 고〉, 〈어몽어스〉를 비롯해 넥슨의 〈마비노기 모바일〉, 〈바람의 나라: 연〉, 〈카트라이트 러쉬플러스〉 등이 모두 유니티를 이용해 제작됐다.

유니티 이전까지만 해도 개발자들은 게임 엔진을 사용하기 위해 많은 비용을 지불해야 했다. 하지만 유니티는 풀 버전을 사용해도 1,500달러(약 177만 원)에 불과하고, 무료로 체험해볼 수 있는 무료 버전도 있다.

유니티는 2004년 덴마크의 창업자 세 명이 만든 게임 회사로 시작했다. 이들은 상업 게임을 직접 만들었는데, 인기를 끌지 못하자 게임 제작에 필요한 게임 엔진을 만드는 방식으로 선회했다. 그리고 2년 후인 2006년에 유니티 엔진이라는 게임 엔진을 출시했다.

유니티 엔진은 실시간 3D 렌더링이 된다는 점이 장점이다. 특히 게임을 돌아가게 하는 엔진의 역할에서 시작해 현재는 실시간 연동과 스트리밍, 인터랙티브 기술, 접속자 데이터 관리와 분석까지 게임을 운용하는 데 필요한 생태계 전부를 지원하는 토털 솔루션이 됐다. 3D 렌더링이 필요한 곳은 보통 유니티의 소프트웨어를 쓰거나, 에픽게임즈가 개발하고 있는 언리얼 엔진을 쓴다.

유니티 엔진을 핵심 비즈니스 모델로 둔 유니티는 2020년 9월 미국 나스닥에 상장했다.

유니티 솔루션으로 매일 새롭게 생성되는 프로젝트는 현재 전세계 190여 개국에서 하루 1만 3,000개에 달한다. 150만 명 이상이 유니티 솔루션을 사용한다. 유니티 엔진으로 제작했거나 운영되는 콘텐츠를 소비하는 월간 이용자도 전 세계 25억 명이 넘는다.

유니티 엔진은 특히 게임 이외의 산업에서도 영향력을 발휘하고 있다. PC와 모바일, 태블릿, AR·VR 기기 등 전반에서 활용할 수 있어서다. **건축과 엔지니어링, 건설, 자동차, 교통, 제조, 영화 및 애니메이션, 방송, 로보틱스 분야 등 디지털 전환을 추구하는 전 산업 영역에서 쓰인다.** 애니메이션 〈라이온킹〉 제작이나 자동차의 경우 볼보, BMW, 폭스바겐, 아우디 등 굵직한 기업들이 모두 유니티 엔진을 이용해 모델링을 한다. 다국적 건설사 스칸스카Skanska의 VR 안전 교육 프로그램도 유니티 엔진으로 만들어졌다. 존 리치텔로John Riccitiello 유니티소프트웨어 CEO는 "우리가 깨달은 명백한 사실은 게이밍 바깥 산업도 유니티에 관심이 많다는 것"이라며 "건축, 엔지니어링, 건

설, 자동차와 수송, 자율주행, 클라우드 기반의 시뮬레이션 분야에
도 고객이 있다"고 말했다.

• 네이버 - 플랫폼, 소프트웨어

국내 대표 메타버스 기업을 꼽으라고 한다면 주저 없이 네이버
를 골라야 한다. 플랫폼과 소프트웨어 두 축에서 네이버만큼 고도
화된 기술을 가진 국내 기업은 없다. 미국의 〈로블록스〉와 비견할
만한 국내의 대표 메타버스 플랫폼인 〈제페토〉가 오른쪽 날개고,
2021년 11월에 공개한 디지털 트윈 기술 플랫폼인 〈아크버스〉가
왼쪽 날개다. 네이버는 이 두 날개를 중심으로 메타버스 생태계
페차기에 나섰다.

〈제페토〉에 대해서는 앞서 상세히 설명해뒀다. 〈제페토〉를 한
번이라도 경험해본 20대 이후의 사람들은 이 같은 생각에 빠질지
모른다. "애들 장난 같은데, 이게 메타버스라니?" 그래서 네이버의
메타버스 비전을 좀 폄하할지도 모른다. 사실 요새 언급되는 모
든 아바타 중심의 메타버스 플랫폼들이 모두 마찬가지다. 어린
10대는 좋아할 수 있고, 대세인 것은 알겠다. 하지만 20대 이후인
사람들이 직접 다가가기에는 좀 남사스럽게 느껴진다. 딱 이 정도
가 개인들을 대상으로 하는 B2C 플랫폼에서 느껴지는 감각이다.

하지만 네이버가 〈제페토〉를 한 손에 쥐고, 다른 한 손에 움켜
쥔 기술 플랫폼 〈아크버스〉는 현실에 발을 딛고 있는 기술의 총합

으로 정의할 수 있다. 〈아크버스〉는 현실 공간을 디지털화하는 기술로 네이버의 기술자 회사인 네이버랩스가 2017년부터 구축해온 HD 맵 제작 기술이 고도화된 결과물이다.

네이버랩스는 독자적인 디지털 트윈 구축 솔루션 어라이크 ALIKE를 갖췄다. 위성사진, 항공사진, 이동지도제작시스템(센서를 단 차량이 도로 정보를 수집), 저고도 비행 드론 수집 데이터 등을 활용해 현실의 공간을 디지털에 그대로 본떠 3D 모델을 구축할 수 있다.

기시감이 들지 않나? 미국에서 가장 유망한 반도체 기업으로 꼽았던 엔비디아가 선언한 메타버스의 미래가 바로 이 같은 디지털 트윈이었다. 옴니버스라는 플랫폼으로 컴퓨터에 현실 속 사물의 쌍둥이를 만들고, 현실에서 발생할 수 있는 상황을 컴퓨터로 시뮬레이션함으로써 결과를 미리 예측하는 방식이 엔비디아가 펼쳐나갈 메타버스의 모습이었다.

네이버는 엔비디아처럼 현실의 물리적 환경을 그대로 가상 세계 위에 복제하는 방식으로 메타버스를 구현하고자 한다. 석상옥 네이버랩스 대표는 2021년 11월 〈아크버스〉 설명회에서 "〈아크버스〉는 네이버랩스의 새로운 서비스가 아니다. AI, 로봇, 클라우드, 디지털 트윈 기술로 현실과 디지털 세계를 연결하는 기술 융합 생태계다"라고 밝혔다. 그는 이어 "디지털 트윈 솔루션과 자체 디바이스, 다양한 AI, 클라우드 시스템, 로봇, 자율주행, AR 기술들을 모두 내재화하고 연결·융합할 수 있는 곳은 국내 기업 중 네이버랩스가 유일하다.

해외에도 찾아보니 이 정도 기술들을 모두 내재화하고 융합할 수 있는 곳은 없는 것 같다"고 말했다. 메타버스 붐에 따라 탄생한 개념이 아니라, 2017년에 네이버랩스가 최초로 로봇을 공개했을 당시부터 디지털 트윈 기반 연구를 시작한 것이다.

2022년부터는 이 기술을 일본 소프트뱅크와 협력해 발전시킬 계획이다. 구체적으로는 디지털 트윈 솔루션 어라이크를 활용해 일본 도시의 고정밀 지도HD map 제작 프로젝트를 진행 중이다. 차선 단위의 지도를 만들고, 도로 변화를 실시간으로 탐지하고, 자율주행 모빌리티의 위치를 인식하고, 로봇을 가동시킬 수 있다. 스마트카부터 스마트빌딩, 스마트도시까지 미래 기술 발달의 시작이 고정밀 지도 제작인데, 네이버가 해외 기업들과 비교해도 압도적인 역량을 보유한 것이다. 이제 한국을 넘어 일본 지역에서도 지도를 제작한다. **아바타를 갖고 노는 메타버스가 허상이라고 주장하는 사람들이 메타버스를 기술의 총합이라는 관점으로 시선을 바꾼다면 네이버가 시장에서 얼마나 앞서가고 있는지 보일 것이다.**

● **맥스트 - 소프트웨어**

2010년에 설립된 맥스트는 AR 원천 기술 확보와 국산화에 집중해온 기술 전문기업이다. 맥스트는 AR 엔진과 응용 소프트웨어, 메타버스 플랫폼을 개발하는 기업이다. AR 공간 플랫폼 사업은 360도 카메라로 촬영한 영상 데이터와 기존의 2D 지도를 매핑해

3D 공간지도를 만들고, 여기에 AR 콘텐츠를 입혀 수익을 만드는 형태다.

맥스트는 AR 개발 플랫폼을 국내 최초로 상용화한 이래 세계 50개국 1만 2,000여 개발사에 배포해 7,000여 개의 AR 앱이 해당 플랫폼을 통해 시장에 출시됐다. 현대자동차, 삼성전자, 대우조선 해양 등 국내 대기업과 산업용 AR 솔루션 사업을 진행하고 있고, 2020년부터는 중소기업용 AR 솔루션 맥스워크를 출시했다. 현재 는 스마트팩토리 제조혁신 사업에도 집중하고 있다. **기업들의 제조 설비가 갈수록 다양하고 복잡해지면서 책자로 된 매뉴얼 대신 AR 매뉴얼을 통해 현장에서 작업 절차를 확인하고 실시간으로 데이터를 점검할 수 있도 록 한 것이다.**

이 회사는 2020년에 VPSVisual Positioning System 기술을 상용화했다. 2021년에는 과기부 XR 메타버스 프로젝트에 선정되어 서울 창덕 궁과 북촌 한옥마을 일대를 중심으로 XR 메타버스 플랫폼 사업 을 진행하고 있다.

맥스트는 앞서 2010년부터 AR 플랫폼 개발에 뛰어들어 국내 최초로 AR 코어엔진을 개발했다. 현재 전 세계에서 여덟 개 업체만 이 기술력을 갖고 있다. 박재완 맥스트 대표는 "산업현장에서 효용 성이 있기 때문에 기업-기업 간 거래B2B 시장이 열리고 있는데, 많 은 사람이 AR 비즈니스 모델과 콘텐츠 제작에 참여하게 되면 기 업-소비자 간 거래B2C 시장도 더 빨리 열릴 것"이라고 밝혔다.

메타버스 3.0

증강현실 플랫폼 기업 맥스트의 공간 기반 AR 플랫폼 기술

• 자이언트스텝 - 콘텐츠, 소프트웨어

앞서 소개한 바와 같이 SM엔터테인먼트의 아이돌 그룹 에스파에는 4명의 아이돌 이외에 4명의 아바타가 더 있다. 이 아바타들은 에스파의 세계관을 만드는 데 중추적인 역할을 하며 현실과 가상을 잇는다. 에스파의 아바타를 만든 기업이 다름 아닌 자이언트스텝이다.

자이언트스텝은 메타버스 콘텐츠를 만들어내는 회사다. 2008년에 설립된 이 회사는 상업 광고나 영화의 특수시각효과Visual Effect, VFX, 실시간(리얼타임) 콘텐츠 등 실감형 콘텐츠를 만드는 작업을 한다. 특히 리얼타임 콘텐츠에 강점을 보유한 회사인데, 리얼타임 콘텐츠란 실시간 소통이 가능하도록 제작한 3D 콘텐츠를 말한다.

특히 자이언트스텝은 기존의 리얼타임 엔진인 에픽게임즈의 언리얼 엔진에 자체 플러그인을 더했고, 실사 구현 수준의 VFX 퀄리티를 구축했다. 대용량의 퀄리티와 실시간성 콘텐츠에 대한 니즈가 늘어나는데, 리얼타임의 엔진 활용 능력을 끌어올려 실사 품질의 그래픽을 내놓을 수 있다는 것이다.

자이언트스텝은 또 2021년 상반기에만 30억 원을 투자해 버추얼 프로덕션 스튜디오를 만들었다. 이 스튜디오는 LED 월 방식을 사용한다. **기존의 버추얼 스튜디오는 녹색 배경에 컴퓨터 그래픽을 입히는 크로마 월**Chroma wall **방식이었지만, 자이언트스텝은 실시간으로 배경을 구현할 수 있다. 제작 시간과 비용이 단축되고 생방송도 가능해진다.**

이 방식에 기반해 이전에는 광고 제작 기간이 최대 한 달이 소요됐다면, 이제는 하루 만에도 제작이 된다. 2019년 이후 SM엔터테인먼트와 네이버 등과 협력해 리얼타임 콘텐츠를 다수 제작하면서 업력을 쌓아왔다. 특히 자이언트스텝은 가상인간을 만드는 데도 장점을 지녔다. 360도 카메라를 활용해 스캔을 거쳐 가상인간을 구현한다. 이 가상인간은 AI를 통해 실시간으로 대화하고 표정도 다양하게 학습할 수 있다.

방탄소년단의 소속사 하이브가 자이언트스텝과 공동사업 계약을 체결한 것도 리얼타임 콘텐츠에 대한 니즈가 있었기 때문이다. 이 같은 리얼타임 콘텐츠를 만들어낼 수 있는 특수시각효과 장비는 다음에 설명할 위지윅스튜디오, 덱스터, 비브스튜디오스 등 회사들에서도 발견할 수 있다.

• 위지윅스튜디오 - 콘텐츠, 소프트웨어

한국형 SF의 신화를 쓴 넷플릭스 영화 〈승리호〉의 컴퓨터그래픽을 구현한 회사는 위지윅스튜디오다.

위지윅스튜디오는 영화, 드라마, 공연·전시 등 온·오프라인을 포괄하는 콘텐츠를 기획하고 제작한다. 회사가 출시한 콘텐츠들은 모두 자사의 특수시각효과와 컴퓨터그래픽 기술에 기반했다. 특히 회사만의 위지윅 시스템을 마련했는데, 얼굴과 손의 움직임을 취합해 사전 시각화(프리비즈)가 가능하도록 만든 것이다. 얼굴 시뮬레이션 기술은 실제 사람의 3차원 얼굴을 스캐닝하여, 가상 모델이 사람과 최대한 닮도록 만드는 제작 기법이다. 〈승리호〉, 〈마녀〉, 〈뮬란Mulan〉 등 작품에 위지윅 시스템을 녹여냈다.

이 회사는 비추얼프로덕션 스튜디오 김포XR스테이지를 만들었다는 엔피를 자회사로 두고 있다. 국내 토종 AR 엔진을 기반으로 AR 카메라 애플리케이션인 롤리캠을 출시한 AR 전문기업 시어스랩에 전략적 투자도 했다. 최근엔 게임 회사 컴투스가 위지윅스튜디오의 경영권을 인수하고 최대주주(지분 38.11%) 자리에 올랐다. 위지윅스튜디오는 컴투스, 시어스랩 등과 메타버스 밸류체인을 운용하겠다는 계획이다.

박관우 위지윅스튜디오 대표는 "궁극적으로 메타버스 시대가 되면 콘텐츠 리빙 시대가 될 것이다. 콘텐츠와 같이 살아가는 시대가 될 거고, 그렇게 되면 굉장히 많은 콘텐츠 수요가 있을 것이다"고 설명했다. 그는 디즈니와 같은 콘텐츠 공장을 이룩하는 것이 목표다.

• 덱스터스튜디오 - 콘텐츠, 소프트웨어

영화 〈신과함께〉 시리즈는 덱스터스튜디오의 모든 것을 보여준 작품이다. 〈신과함께〉 1편과 2편 모두 한국 영화사에서 유례가 없던 특수기술효과 영화였다. 〈신과함께〉 시리즈 관객 수는 1편인 '죄와 벌'이 1,441만 명, 2편인 '인과 연'이 1,227만 명이었으며, 관객들은 그래픽 완성도에 극찬을 했다. 이는 김용화 영화감독이 설립한 회사인 덱스터스튜디오가 모든 것을 쏟아 부은 결과물이었다. 당시 제작비를 모두 회수할 정도로 흥행한 덕에 〈백두산〉, 〈모가디슈〉 등 이후의 작품들도 차례로 만들 수 있었다.

특히 덱스터스튜디오의 색 보정DI 담당 사업부는 2019년부터 넷플릭스와 협업하고 있다. 〈킹덤〉, 〈보건교사 안은영〉, 〈승리호〉, 〈낙원의 밤〉 등에 참여했다. 현재 연간 개봉하는 국내 영화 DI 작업의 40% 정도를 담당하고 있다.

덱스터스튜디오의 음향 관련 자회사 라이브톤은 1997년 창립 이후 〈괴물〉, 〈부산행〉, 〈신과함께〉, 〈기생충〉 등 12편의 천만 관객 영화를 포함해 250여 편의 콘텐츠 사운드 디자인과 믹싱을 전담

했다. 전 세계 1억 명이 넘게 본 넷플릭스 드라마 〈오징어 게임〉에서도 음향 작업을 담당했다. 과거 봉준호 감독의 영화 〈옥자〉에서는 상상 속 동물인 옥자를 구현하기 위해 뉴질랜드 토종 돼지와 하마, 코뿔소 소리 등을 참고해 옥자의 소리를 선보이기도 했다.

덱스터스튜디오에도 버추얼 프로덕션 스튜디오가 있다. 대형 LED 벽에 실시간으로 3D 배경을 투영한 후 배우와 배경을 동시에 촬영할 수 있다. 덱스터스튜디오는 2021년 11월 경기도 파주에 제1호 버추얼 프로덕션 스튜디오 D1(디원)을 론칭했다. **넷플릭스를 비롯해 디즈니플러스, 아마존프라임, 티빙 등 국내외 OTT 플랫폼을 채울 콘텐츠 수요가 늘어나는 만큼 덱스터스튜디오의 매출도 상승곡선을 그릴 것으로 예상된다.**

● 선익시스템 - 하드웨어

1990년 설립된 선익시스템은 유기발광다이오드OLED의 핵심 장비를 제조하는 회사다. 중소형 OLED 증착 시장에서 전 세계적으로도 눈에 띄는 업체다. 증착은 자체 발광하는 OLED 픽셀을 만들기 위한 과정에 필요한 방법으로, 디스플레이 기술이다.

AR·VR 기기에는 마이크로 디스플레이가 필요한데, 기기를 소형화하지 못하면 착용이 어렵고 범용성에 문제가 생긴다. 기존의 OLED는 유리 형태로 제작해야 해서 부피가 크고 무거웠다. 때문에 가상현실 기기에 착용시키기가 어려웠다.

AR·VR 기기를 작게 만드는 유일한 디스플레이는 OLEDoS로 평가받고 있다. OLEDoS는 OLED on Silicon의 줄임말로, OLED를 기존 유리 기판이 아닌 실리콘 기판(반도체 웨이퍼)에 증착해 픽셀 단위로 더욱 정밀한 초고해상도 디스플레이를 구현해낸다. 쉽게 말해, 일반적으로 OLED에 사용되지 않는 반도체 기판을 사용하기 때문에 픽셀 단위의 초정밀 구동이 가능해진다. OLEDoS는 응답 시간이 마이크로초 수준으로 짧고 이미지 품질이 좋다.

선익시스템은 AR·VR 시장에 대응하기 위해 OLEDoS 증착장비 기술을 주도해왔다. 중국 BOE는 선익시스템의 장비를 활용해 마이크로 OLED 패널을 상용화한다. BOE가 생산하는 마이크로 OLED 패널용 증착장비는 선익시스템이 2020년에 납품했다. BOE는 2018년 자국 윈난성雲南省 정부와 합작법인 쿤밍 BOE 디스플레이 테크놀로지를 만들고 마이크로 OLED를 개발해왔다. 중국이 해당 패널을 더 많이 팔기 위해 움직임을 보인다면, 선익시스템의 매출은 가파르게 늘어날 수 있다.

메타버스에 투자하라
- 비상장회사

〰️

　메타버스라는 단어로 묶이는 회사 중에는 아직 상장하지 않은 회사들도 많다. 이미 상장한 회사의 성장 폭을 관망하는 것도 필요한 일이지만, 아직 상장하지 않은 회사를 분석해보며 옥석 가리기에 나서야 한다. 메타버스만 붙이는 곳인지, 제대로 메타버스 관련 사업을 끌어나가고 있는지 확인해야 한다는 얘기다. 모두가 메타버스라고 떠들 때 진짜를 골라내는 눈이 있어야 한다. 단, 주의점은 현시점에서 유망해 보이는 회사도 언제나 무너질 수 있다는 것이다. 사업의 방향은 맞지만, 아직 시장이 무르익지 않아서 매출과 이익이 나오지 않을 수도 있다.

　과연 이 회사가 메타버스 회사가 맞는지 의심이 든다면, 과기부 주도로 출범한 메타버스 얼라이언스의 일원인지를 확인해보면 된다. 정부의 바운더리 안에 있는 기업이면 주목도를 높이고, 정부의 바운더리조차 속해 있지 않으면 좀 의심해볼 필요가 있다.

• 에픽게임즈 - 하드웨어, 소프트웨어

에픽게임즈는 〈로블록스〉만큼 미국에서 인기 있는 게임 플랫폼 〈포트나이트〉를 출시한 바로 그 회사다. 슈팅 게임으로 시작했는데, 2020년 이용자들끼리 소통할 수 있는 커뮤니케이션 공간인 파티로얄을 만들었고, 이곳에서 메타버스 공연들이 이어지며 현재 〈포트나이트〉 계정 수만 3억 5,000만 개를 넘어섰다. 어떤 회사인지는 앞에서 자세하게 설명했다.

에픽게임즈의 진가는 사실 게임 엔진인 언리얼 엔진에 있다. 2021년 4월에 10억 달러 규모 투자 유치로 290억 달러(약 34조 원)의 가치를 인정받은 핵심 비결이다. 언리얼 엔진은 1994년에 에픽게임즈가 개발한 3차원 게임 엔진이다. 1998년에 출시한 〈언리얼〉이라는 게임에 사용됐고, 이후로 〈리니지2〉, 〈테라〉, 〈서든어택2〉 등 대형 게임사들의 주포인 대표 타이틀 제작에 주로 사용됐다. **유니티 엔진과 비교했을 때 압도적인 그래픽 표현이 가능하다는 장점을 지닌다.**

현재는 언리얼 엔진5 데모버전까지 출시됐는데, 언리얼 엔진5는 완벽하게 실사를 구현했다고 할 만큼 극사실적 비주얼로 고품질의 3D 그래픽을 구현하게 해준다. 특히 에픽게임즈는 '그냥 된다Art Just Works'라는 슬로건을 내세웠는데, 이전보다 훨씬 적은 수고로 훨씬 나은 완성도의 실사 그래픽을 구현할 수 있게 된 것이다. 게다가 에픽게임즈는 언리얼 엔진5로 만든 게임이 100만 달러 수익을 넘어설 때까지 로열티를 면제하기로 했다.

메타버스 3.0

이전에는 라이선스 비용이 필수였기 때문에 초기 개발자의 접근성이 떨어졌다. 하지만 경쟁사인 유니티가 급부상하면서 가격 정책을 2015년부터 기본 무료로 변경하면서 접근성이 커졌다.

언리얼 엔진의 가장 큰 장점은 블루프린트다. 블루프린트 Blueprint는 코딩에 대한 지식이 부족해도 게임을 설계할 수 있도록 도와주는 개발 도구다. 스크립트 자체가 시각화돼 있어서 프로그래밍 숙련도가 떨어져도 쉽게 소프트웨어를 만들게 한다. 따라서 기획이나 그래픽 직군도 간단하게 접근할 수 있다는 점에서 기획, 디자이너, 개발자 사이의 협업 숙련도를 높일 수 있다.

3D 그래픽을 기반으로 한 VR 콘텐츠는 주로 언리얼 엔진이나 유니티 엔진으로 만든다는 점에서 에픽게임즈와 유니티 중심의 양대 체제가 더욱 가속화될 예정이다.

- **버넥트 - 소프트웨어**

버넥트는 2016년 설립된 산업용 증강현실 솔루션 전문기업이다. 전기발전이나 플랜트 산업 솔루션에 특화된 회사다. 석유화학, 정유, 통신 등 산업 전반으로 영향력을 넓히고 있다. **버넥트의 AR솔루션은 크고 복잡한 장비가 움직이는 어느 곳에서나 쓸 수 있다. 예를 들어 사람 손이 닿기 어려운 교량이나 고층 설비에 활용할 수 있는 것이다.** 기존에 산업계는 사람 손이 닿기 힘든 곳들은 숙련공의 경험에 의존해 해결하는 경우가 많았다. 이때 버넥트의 솔루션을 활용하면 매뉴얼

버넥트의 산업용 증강현실 솔루션을 활용해 업무하는 모습

을 간편하게 AR로 제작할 수 있도록 지원한다. 복잡한 설계도나 계통도 등을 3차원으로 가공해 작업자 위치까지 실시간으로 보여준다. 현장에서는 굉장히 만족도가 높은 것으로 전해졌다.

대표적으로 석유화학, 정유, 통신 등 산업과 관련한 회사들은 초거대장비를 보통 24시간 쉬지 않고 가동한다. 관련 매뉴얼만 수만 장에 달한다. 특히 몇 년에 한 번 점검해야 하는 설비들도 끼어 있어 정밀한 관리가 필요하다. 버넥트의 소프트웨어를 활용하면 파워포인트 문서를 만들 때처럼 간편하게 AR 매뉴얼을 만들 수 있다. AR과 동영상 텍스트를 조합하기만 하면 된다.

본사에서 해외 시설을 24시간 실시간으로 모니터링하고 3D 소프트웨어로 전 세계 동료들이 협업해 디자인하고 디지털 트윈을 만들다 보면, 시제작 모델에서 검증하기 힘들었던 오류가 발견되는 경우도 있다.

하태진 버넥트 대표는 "에너지업계 유지 보수 시장만 1,000억 원에 달하는데 베이비붐 세대 은퇴를 앞두고 노하우 전수가 시급한 상황이다. 숙련공의 경험에 의존해오던 매뉴얼을 간편하게 AR로 제작할 수 있게 지원하고, 복잡한 설계도나 통제실 계통도 등을 3차원으로 가공해 작업자 위치까지 실시간으로 보여주니 현장에서 만족도가 아주 높다"고 밝혔다.

• 레티널 - 하드웨어

2016년 설립된 레티널은 전 세계적으로도 드문 AR 글라스용 렌즈의 광학 솔루션을 개발한다. 특히 스마트 글라스에 장착되는 디스플레이에 집중한다. 스마트폰으로 보면 OLED 디스플레이에 올인하고 있는 것과 같다. 레티널은 자체 개발한 PiN MR 기술로 기존 제품보다 약 73% 성능을 높인 시제품 제작에 성공했다. 2022년 대량생산을 염두에 두고 사업을 키우고 있다.

일반 안경은 전방에 위치한 물체의 상이 망막에 맺히며 물체를 보게 하는 방식인 반면 레티널이 개발한 AR 글라스는 렌즈 내부의 거울인 핀미러가 렌즈 위쪽에 부착된 OLED 디스플레이 화면을 반사해 보여준다. 이 방식으로 가상의 물체를 현실에 겹쳐서 동시에 볼 수 있다. 반사하는 방식 때문에 렌즈가 작아도 크고 깨끗한 상을 얻을 수 있다. 김재혁 레티널 대표는 "시력이 나쁜 사람도 작은 구멍을 통해 사물을 보면 선명하게 볼 수 있다는 점을 렌즈에 접목했다. 렌즈 내부의 핀미러가 현실 세계와 3차원 가상 이미지를 동시에 볼 수 있도록 만들어 준다"고 설명했다.

레티널은 최근 이 렌즈를 적용한 T 글라스를 선보였다. 광학모듈 부품을 판매하기 위함이다. 기업 고객을 위해 샘플용 제품으로 제작한 것으로, T 글라스를 그대로 가져다 쓰거나 렌즈만 채택할 수도 있다.

AR 글라스가 대중화되지 못한 것은 화질이 뛰어나지 못해 사용성이 좋지 않은 데다, 무겁고 가격도 비쌌기 때문이다. 전 세계서도 구글과 마이크로소프트, 페이스북, 애플까지 빅테크 기업이 모두 뛰어든 분야다. 구글은 홀로그램 안경 포칼스Focals를 선보인 노스North라는 회사를 2,000억 원에 인수하기도 했다. 애플은 AR 글라스용 렌즈에 특화된 아코니아 홀로그래픽스Akonia Holographics를 인수했다. 레티널의 입지가 전 세계서도 주목되는 이유다.

• 미라지소프트 - 콘텐츠

미라지소프트는 2016년에 설립된 VR 게임 스타트업이다. 전 세계에 통용되는 낚시 게임 콘텐츠를 가지고 있다. **글로벌 최대 VR 플랫폼인 페이스북(메타)의 오큘러스 퀘스트 스토어에 국내 최초로 입점해 VR**

미라지소프트가 만든 VR 낚시 게임 〈리얼VR 피싱〉

낚시 게임 〈리얼VR 피싱〉을 2019년부터 서비스하고 있다. 2021년 3월에 소프트뱅크벤처스로부터 20억 원을 투자받았고, 2021년 4월에는 전년도 전체 매출인 21억 원을 초과 달성했다.

〈리얼VR 피싱〉 게임에서는 한강, 부산, 대부도, 울릉도 등 국내 20곳의 명소에서 낚시를 즐길 수 있다. 모든 배경을 360도 모델링 했고, 실제 현장에서 낚시를 즐기는 것과 같은 느낌을 준다. 장소 이외에도 비 내리는 날씨, 안개 낀 날씨 등 각종 상황까지 설정할 수 있다.

낚시꾼들에게 가장 필요한 것은 손맛인데, 손맛의 구현은 VR 기기로 가능하다. 특히 〈리얼VR 피싱〉 이용자의 99%가 외국인이라는 점도 주목된다. 이 게임에서 물고기를 가장 많이 잡은 이용자 1위가 영국에 거주하며 치매를 앓고 있는 고령의 할아버지인 것도 관심포인트다. 그는 "배우자를 잃은 상처와 슬픔으로 하루하루 힘들게 지내다 아들이 사준 VR 기기에서 다른 이용자들과 만나 대화도 나누고 난생처음 낚시라는 스포츠에 빠져 살면서 삶의 의미를 되찾았다"고 글을 올리기도 했다. 가상 환경의 콘텐츠가 결핍을 채워주는 용도로서의 힐링 포인트로 작용한다는 것이다.

- **비브스튜디오스 - 콘텐츠, 소프트웨어**

MBC의 VR 휴먼 다큐멘터리 〈너를 만났다〉에서는 병으로 딸 나연이를 떠나보낸 엄마가 주인공으로 나왔다. 제작진은 VR로 가상현실 속에서 나연이를 만들어냈고, 엄마와 나연이가 서로 만나도록 했다. 나연이를 구현하는 데만 7개월이 걸렸던 이 프로젝트가 가능했던 것은 비브스튜디오스의 기술력 덕분이었다. 비브스튜디오스는 CG와 VFX 기술 기반 사업을 펼치는 회사다. 이 회사는 카메라, LED 월, 실시간 3D 엔진 기반의 자사 솔루션 VIT를 만들었다.

VIT는 버추얼 프로덕션 작업에 필요한 소프트웨어와 하드웨어를 통합적으로 제어할 수 있는 솔루션이다. 카메라의 움직임에 따른 실시간 그래픽을 대형 LED 월에 투사하여 마치 현장에 있는 것과 같은 장면을 만들어낼 수 있다.

통상 컴퓨터그래픽 기술은 3D 인물과 공간 구현을 위해 좌표값을 일일이 지정해야 하고, 배우는 텅 빈 가상공간에서 연기를 한 뒤 나중에 후작업으로 보정을 해야만 했다. 하지만 VIT는 실시간으로 3D를 구현해내기 때문에 배우들이 촬영 과정에서도 LED 월로 가상 세계를 인지하며 연기할 수 있다. CG처럼 후작업이 필요하지 않다는 점에서 제작 시간이 크게 단축되는 건 덤이다.

〈KBS 대기획 키스 더 유니버스〉는 과거 공룡시대부터 우주로 진출하는 인류의 미래까지를 소개하는 3부작 다큐멘터리다. 비브 스튜디오스가 참여한 이 다큐멘터리에서는 멸종된 공룡을 포함해 직접 가기 어려운 우주를 실사에 가깝도록 구현했다는 평가를 받았다.

● 어메이즈VR_{AmazeVR} - 콘텐츠, 소프트웨어

어메이즈VR은 VR 콘서트 제작 유통 플랫폼 회사다. 카카오 창립 멤버 다섯 명이 뭉쳐 2015년 미국 로스앤젤레스에서 회사를 세웠다.

어메이즈VR은 VR 헤드셋이 대중화가 이뤄져야 사업화하기 좋은 모델이다. 이들은 안경 같은 타입의 디스플레이 시대가 도래할 것이라는 믿음이 있었다. VR 장비가 모바일을 대체하고 나면 엔터테인먼트는 모두 VR에서 이뤄질 것이라는 기대다.

특히 팬과 아티스트를 서로 잇는 플랫폼으로 자리하는 게 이 회사의 목표다. 글로벌 톱 아티스트들은 콘서트 투어를 자주 하지 않는다. 공급은 적은데 글로벌 팬덤의 욕구는 높다. 이를 VR 콘서트가 해소해줄 수 있다는 것이다. VR 콘서트는 짧은 뮤직비디오를 제작하는 것처럼 아티스트가 하루 이틀의 시간만 쏟으면 제작이 가능하다. 한 번 제작된 VR 콘서트는 영화관에서 계속 상영될 수 있다.

콘서트 어메이즈VR이 개발한 VR 어메이즈 이머시브 콘서트VR Amaze Immersive Concert는 멀리 떨어져 있더라도 누구나 실감 나게 콘텐츠를 즐길 수 있는 미래형 콘서트 플랫폼이다.

이승준 어메이즈VR 대표는 자사의 VR 기술에 대해 "어메이즈VR은 별도 CG 장비와 특수 카메라로 뮤지션들을 8K 3D로 다시 태어나게 한다"면서 "움직이고 진동을 주는 햅틱 모션 체어와 HDM으로 생동감을 더해준다"고 강조했다.

메타버스를
향한 비판

메타버스는
가짜일까

"머리를 쥐어뜯고 싶은 기분이다."

페이스북이 회사의 이름을 메타로 바꾸면서 메타버스 사업에 몸을 던지겠다고 밝힌 날, 기존 페이스북 밑의 VR 사업 오큘러스의 자문을 맡고 있던 개발자 존 카맥John Carmack은 메타버스라는 개념 자체에 대해 작심 비판했다. 게임 개발자인 그는 〈둠Doom〉, 〈퀘이크Quake〉 시리즈에 참여하며 세상에서 가장 인기 있는 게임 장르인 FPSFirst Person Shooting의 기초를 정립한 장본인이다. 2013년부터 2019년까지는 오큘러스의 최고 기술 책임자CTO도 맡은 바 있다.

카맥은 "메타버스 아이디어에 관심을 갖고 있고 그 비전을 믿고 있다"라고 운을 떼면서도 "나는 오큘러스의 인수 이전부터 회사에서 메타버스에 관한 시도를 적극 반대해왔다"고 말했다. 이어서 그는 "나는 메타버스가 존재하기를 원하지만, 메타버스에 곧바로 착수하는 것이 실제로 메타버스를 만들어내는 좋은 방법은 아니다"고 강조했다.

즉, 메타버스라는 개념은 궁극적인 이상향적인 모습이고, 수많은 기반 기술이 모여 자연스럽게 형성된 개념이라는 것이다. 그런데 지금은 최종 단계에서 볼 수 있는 기술을 언급하는 것에만 집중하고 있다고 비판했다. 카맥은 "메타버스를 위해 수많은 시간과 인력을 쓸 수 있더라도, 결국 사람들이 디바이스와 하드웨어를 사용하는 방식에 그다지 기여하지 못할 수도 있다는 게 나의 걱정"이라고 덧붙였다. 즉, 메타버스 구현을 위해서 네트워크 지연 문제와 클라우드 등 기반 기술에 집중하기보다, 눈에 잡히지 않는 가상현실이라는 추상적 개념에 매몰되다 보면 사람들을 오히려 메타버스라는 단어와 유리시키게 될 것이라는 우려다.

불붙는 메타버스 회의론

메타버스 개념에 대한 회의론은 아직 메타버스 시대를 열 기술적 발전이 담보되지 않았다는 데에서 시작된다. 메타버스를 논할 때 등장하는 AR·VR은 이미 2010년대 초반부터 있었던 개념이지만, 지난 10년 동안 큰 틀에서 변화가 없다는 인식도 함께한다. 수십 년간 이용자들이 즐겨온 게임과 채팅 수준의 가상 세계에서의 활동 정도에 지나지 않는다는 것이고, 아직 실제적인 경험을 하기

메타의 오큘러스 퀘스트2를 즐기는 이용자의 모습

엔 모든 기술이 무르익지 않았다는 것이다. 영화 속 메타버스 세계와는 거리가 요원한데도, 마치 이미 그 세계가 도래했고 탑승하지 못하면 도태될 것처럼 자극하는 이들에 대한 강한 비판이 실려 있다. 해외 주요 매체에는 '메타버스는 헛소리The metaverse is bullshit'라는 제목의 칼럼이 실리기도 했다.

김상욱 경희대학교 물리학과 교수가 자신의 페이스북에서 "메타버스는 사악하다"라고 밝힌 비판도 맥을 같이한다. 그는 "사실 메타버스가 무엇인지 정확하게 정의하는 것조차 쉽지 않다. 이런 세상이 오면 큰 이익을 보거나, 이런 세상이 오지 않아도 관심을 끌어 돈을 벌려는 사람들에게 필요한 이름이 아닐까"라고 지적했

메타버스 3.0

다. 기술이 완성되기도 전에 펼쳐지는 과도한 홍보가 과학기술 자체에 대한 불신만을 가져온다는 것이다.

현재의 메타버스에 대한 비판은 온라인과 모바일에서 즐겼던 경험 이상의 경험을 줄 수 없다는 지점에 있다. 인터넷 쇼핑에서 물건을 구매할 때 사진 혹은 영상에만 의존한다. 메타버스라고 불리는 공간에서도 똑같다. 제품의 냄새나 촉감을 느낄 수 없는 것은 여전히 마찬가지고, 시각적인 생동감을 전해줄 뿐이다. 오히려 아바타에게 입히는 옷들은 실제의 현실이라고 느끼기엔 더 조잡한 형태로 보이는 게 일반적이다.

메타버스 공간으로의 출근도 마찬가지다. 어떻게 됐든 현실에서 직접 소통하는 것만큼 소통 자체가 원활하지 않다. 코로나19로 가상공간에서 회의를 진행해왔던 회사들은 위드 코로나 정책이 시작되자마자 사람들을 다시 회사로 불러들이고 있다. 가상 세계에서 소통해서 일이 처리되는 분야가 있는 반면에 속도와 효율성 면에서 현저하게 수준이 떨어지는 분야도 있는 것이다.

가장 일상적으로 여겨지는 인터넷 쇼핑과 회사 출근의 문제조차 해결할 수 없는 상황에서 메타버스라는 단어가 허상으로 보이는 것은 이상한 일은 아니다. 메타버스에 대한 비판을 가하는 사람들도 일리가 있다.

온라인과 똑같은 디지털 범죄의 범람

메타버스 공간은 우리가 원하는 무엇이든 실현할 수 있는 이상적 세계로 보이지만, 여전히 기술적인 완비가 완료되지 않은 극초기의 세계다. 이 같은 미지의 세계는 제도의 경계 밖에 위치해 있다는 점에서 각종 범죄의 온상이 될 수 있다. 즉, 온라인 세계라는 비대면의 세계에서 벌어지는 모든 디지털 범죄가 발생할 우려가 있다.

국회입법조사처가 낸 〈메타버스의 현황과 향후 과제〉 보고서에는 개인 간 상호 관계를 기반으로 하는 메타버스 공간에서 모욕, 비하, 인신공격과 같은 개인 간 문제가 발생할 수 있다고 우려하고 있다. 게임 세계 속 비난을 떠올리면 이해하기 쉽다. 게임회사들이 자체적으로 플랫폼에서 특정 표현들을 사용하지 못하게 하고 있지만, 욕설과 비난 등 특정인에 대한 모욕행위는 상시적으로 벌어지고 있다. 온라인 커뮤니티 속의 악플도 마찬가지다. 플랫폼들의 자체 정화 노력과는 별도로 이 같은 개인 간 문제는 지속적으로 발생할 수 있다. 현재의 메타버스 플랫폼 주 이용자가 10대라는 점에서 이러한 개인 간 문제에서 발생하는 디지털 범죄 행위에 대한 촘촘한 검열이 더욱 필요한 이유다.

디지털 성범죄의 우려도 크다. 실제로 메타버스 공간에서의 성범죄가 발생하고 있다. 2021년 8월 미국 캘리포니아 주에서는 〈로블록스)에서 아동을 대상으로 성 착취 범죄를 저지른 61세 남성이 경찰에 기소됐다. 미국 법무부는 홈페이지를 통해 "해당 남성은 〈로블록스〉에서 13세 소년으로 가장하고 2020년 말부터 12세 소녀에게 접근했다. 그는 게임 내 대화를 문자 메시지로 전환해 해당 여아의 연락처를 알아낸 후 소녀에게 노골적인 성적 사진을 요청했다"고 밝혔다. 소녀의 어머니는 딸의 스마트폰에서 해당 남성이 보낸 문자메시지를 확인해 당국에 연락했고 관련 조치가 이뤄졌다.

메타버스 공간에서 이루어지는 비대면 공연의 성공이 곧 오프라인 공간에서도 음원 판매가 이뤄지게 하는 것과 똑같은 방식으로 범죄가 작동하는 것이다. 가상 세계에서의 관계가 현실 세계와 연결될 수 있고, 가상 세계의 범죄는 현실의 나를 헤칠 수 있다. 아바타 스토킹, 아바타 몰카, 아바타 성희롱 등 범죄 발생 가능성이 동일하지만, 현재 주요 이용자들이 어린 연령대라는 점에서 더 면밀히 살펴야 한다는 의견도 대두된다.

하지만 실제로는 미국의 〈로블록스〉 사례처럼 메타버스 공간에서의 범죄가 처벌로 이어지기는 쉽지 않다. 메타버스 성범죄가 발생하면 정보통신망법, 성폭력 처벌법, 청소년 성보호법 등 규정을 적용하는 게 가능하지만 현재의 법률 체계는 아날로그 공간을 기반으로 구축돼 있다. 메타버스에서 범죄가 발생했을 때 범죄자 특정과 증거 수집이 쉽지 않다. 더구나 주요 메타버스 공간은 전 세계서 이용하는 글로벌 기반 공간인 경우가 많다. 초국경적인 특징을 띠는데 범죄자가 해외에 있을 가능성도 크다. 범죄인 인도가 쉽지 않을 수 있다는 애기다.

현재의 모바일 시대에도 주요 SNS 플랫폼의 영향력이 크고, 그들의 철저한 협조가 이뤄졌을 때만 관련 조치가 가능해진다는 점에서 해외 플랫폼들의 적극적인 협조를 기대하기도 어렵다. 〈제페토〉는 네이버가 관리하고 국내 기업이기 때문에 수사라도 할 수 있지만, 해외 플랫폼인 〈로블록스〉는 수사 자체가 어려울 수 있다.

불거지는 저작권·상표권 침해 문제 우려

2021년 6월 전미음악출판협회NMPA 등 저작권 단체는 〈로블록스〉에 2,300억 원 규모의 소송을 제기했다. 〈로블록스〉가 자사 플랫폼에서 음악 저작권자들에게 비용을 지불하지 않고 음악을 불법으로 사용하고 있다는 게 이유였다. 즉, 이용자들이 비용을 지불하지 않고 업로드하는 모든 오디오 파일을 검열할 의무가 있음에도 모른 척하고 있다는 비판이었다. 해당 논란은 3개월여 만에 끝이 났다. 〈로블록스〉는 업계 전체 차원에서 퍼블리셔가 라이선싱 계약을 체결할지를 각각 정하도록 하는 조건에 합의했다.

하지만 이 같은 **저작권 문제에 대한 논란은 지속적으로 발생할 수 있다.** 메타버스 플랫폼에서 이용자들이 직접 제작하는 옷이나 액세서리 등 창

메타버스 3.0

작물이 현실 세계의 창작물을 그대로 가져다 쓴 것 일 수도 있다는 것이다. 예를 들어 오프라인의 나이키나 아디다스 운동화를 그대로 본뜬 가상의 운동화가 메타버스에서 거래된다면 상표권 침해와 재산권 침해가 동시에 이뤄지게 된다. 다만 이 같은 아이템을 전통적인 의미의 상표권 침해로 볼 것인지의 문제는 별도다.

화백 이중섭, 박수근, 김환기의 작품을 NFT로 발행하려다 저작권 논란이 일어 포기한 것도, 저작권 협의가 이뤄지지 않았기 때문에 발생한 것이다. NFT는 누구나 만들어 업로드할 수 있다는 점에서 논란이 될 가능성이 크다.

세대별 디지털 소외도 진행 중

현재의 메타버스에 대한 논의는 좁게는 10대에서 넓게는 20대까지의 세대들이 노는 판을 3040, 5060세대들이 이해해보기 위해 마련됐다고 평가하는 게 맞다. 때문에 수년간 〈로블록스〉와 〈제페토〉를 잘 이용하고 있던 10대들에게는 현재의 메타버스 논의가 굉장히 달갑지 않을 가능성도 크다. 메타버스라는 어려운 용어를 붙여 자신들을 해석하려는 기성세대들의 노력이 아니꼽게 보이는 것이다.

여기에 세대별로 플랫폼이나 관련 기기를 접하는 격차도 함께 커지면서 디지털 소외 문제도 다시 새로운 화두로 떠올랐다. 과학기술정보통신부에서 발표한 〈2020년 디지털정보격차 실태조사〉에 따르면 55세 이상 고령층의 디지털 정보화 수준은 68.6%다. 역으로 말하면 31%의 사람들은 여전히 디지털과 유리돼 있다는 얘기다. 메타버스 환경에서는 이 같은 격차가 한층 더 심화될 것으로 보인다. 현재 MZ 세대에서도 10대가 메타버스 시장의 주 이용자를 차지하고 있는데, 이런 경향이 가속화되면 장년층과 노년층의 메타버스 이용이 점차 어려워지게 된다. 심지어 30대만 넘어가도 VR 기기를 머리에 쓰면 어지럽다고 얘기하는 사람들도 많다. 누구나 이용 가능한 메타버스 세계를 만들기 위해서는 전 연령대가 함께 이 공간을 누릴 수 있도록 하는 방법에 대한 고민과 함께 기술의 발전이 동시에 이뤄져야 한다.

디지털 지구, 메타버스

메타버스 세계는 결국 무엇일까? 이 책을 끝까지 달려왔다면 메타버스 개념을 한마디로 정의할 수 있어야 한다. 싸이월드 미니룸 공간을 열심히 꾸미고, 카카오 프로필 배경 공간을 멋있게 꾸미는 것 자체가 메타버스라고 보면 된다.

좀 더 크게 보면 〈제페토〉, 〈로블록스〉, 〈포트나이트〉 등의 각각의 플랫폼들은 사실은 각각의 멀티버스(다중우주)로 볼 수 있다. 각각의 멀티버스들을 연결하는 궁극적인 범용 플랫폼 공간이자 통합된 공간이 바로 메타버스다. 저마다 떨어져 있는 멀티버스의 세계를 하나의 줄기로 연결시키면 메타버스라는, 누구나 이용 가능한 공간이 열린다는 얘기다. 통합된 생태계를 유지시키는 경제 체계는 암호화폐 즉, 코인으로 작동된다. 이 코인은 블록체인 기술로 만들어지고, 이 메타버스 공간들을 연결시키는 방식도 블록체인 기술로 이뤄질 것이다.

페이스북의 디엠 코인과 같은 전 세계 이용자들이 쓸 수 있는 몇 가지 암호화폐가 가상 화폐로 자리 잡았다고 가정해보자. 엔씨소프트의 〈리니지W〉 게임 속의 아이템인 집행검을 페이스북 코인인 디엠으로 구매하고, 잔액이 좀 남은 디엠으로 이마트에서 장보기 탭을 눌러 저녁 반찬거리를 구매한다. 이 같은 미래를 상상하면 지금 메타버스에 뛰어든 기업들이 하는 일들이 모두 이해가 된다. 큰 그림이 그려진다. **지구 전체가 디지털화된 공간으로 탈바꿈하는 미래, 그것이 바로 메타버스다.**

메타버스 3.0

초판 1쇄   2022년 1월 5일
초판 3쇄   2022년 2월 23일

지은이   홍성용
펴낸이   서정희
펴낸곳   매경출판(주)
책임편집   서정욱
마케팅   강윤현 이진희 장하라
디자인   김보현 이은설

매경출판(주)
등록   2003년 4월 24일(No. 2-3759)
주소   (04557) 서울시 중구 충무로 2(필동1가) 매일경제 별관 2층 매경출판(주)
홈페이지   www.mkbook.co.kr
전화   02)2000-2630(기획편집) 02)2000-2636(마케팅) 02)2000-2606(구입 문의)
팩스   02)2000-2609   **이메일** publish@mk.co.kr
인쇄 · 제본   ㈜M-print   031)8071-0961
ISBN   979-11-6484-364-0(03320)